IDENTIDAD VERDADERA

¿Sabes quién y de quién eres realmente?

Por Jennifer Brommet

ISBN: 979-8-9869192-0-1

Impreso en los Estados Unidos de América, por Booklogix, Alpharetta, Georgia.

Este libro puede comprarse al por mayor para uso educativo, empresarial, de recaudación de fondos o de promoción de ventas. Para más información, póngase en contacto con: Jennifer Brommet, www.TrueIdentityMinistries.org.

Diseño de la portada por Jennifer Brommet y Vanessa Lowry.
Foto de la portada del cisne © Tazzymoto | Dreamstime.
Dibujo del cisne por Jennifer Brommet.
Diseño interior por Vanessa Lowry.
Edición por Erika Hill y Carina Brommet.

Todas las citas de las Escrituras, a menos que se indique lo contrario, están tomadas de la Santa Biblia, Versión Estándar en Inglés, copyright © 2001 de Crossway Bibles, una división de Good News Publishers, utilizadas con permiso. Todos los derechos reservados.

Las citas bíblicas marcadas con NIV se han tomado de la Santa Biblia, Nueva Versión Internacional. Copyright © 1973, 1978, 1984 por la Sociedad Bíblica Internacional. Utilizado con permiso de la editorial Zondervan. Todos los derechos reservados.

Las citas de las Escrituras marcadas con AMP están tomadas de La Biblia Amplificada, Copyright © 1954, 1958, 1962, 1964, 1965, 1987 por la Fundación Lockman. Todos los derechos reservados. Utilizado con permiso.

Las citas bíblicas marcadas con KJV son de la versión King James de la Biblia.

Las citas bíblicas marcadas como NASB están tomadas de la New American Standard Bible, Copyright © The Lockman Foundation 1960, 1962, 1963, 1968, 1971, 1972, 1973, 1975, 1977, 1995. Utilizadas con permiso.

Incluye referencias bibliográficas.

Dedicado

A mi amada y comprensiva familia

y a

Mi Señor y Salvador Jesucristo, ya que sin Él no existiría el mensaje de la Identidad Verdadera. ¡Por rescatarme del pozo oscuro y liberarme para vivir victoriosamente!

¿A quién debemos tratar de hacer sentir más orgulloso? ¿A nuestra familia? ¿A nuestros amigos? ¿A nuestros profesores o jefes? ¿Qué pasa con el que moldeó la tierra misma, que te formó con arcilla e inculcó en cada uno el aliento de vida que dió forma al universo?

~ James D. Maxon

Tabla de Contenido

He comprobado que hay tres etapas en toda gran obra de Dios: Primero es imposible, luego es difícil y luego está hecho.

~ Hudson Taylor

Agradecimientos

No podría haber escrito este libro, ni estar haciendo el trabajo del Ministerio de la Identidad Verdadera, sin el amor y el apoyo de mi maravilloso esposo, Remco. Gracias por ser mi animador #1 desde que nos conocimos, por creer en mí, por animarme a caminar con fe y a compartir mi historia, por tener confianza en quien Dios me hizo ser y por decirme siempre que soy hermosa y preciosa para ti. Por las muchas veces que te ocupaste del cuidado de las niñas para que yo pudiera ir a predicar, dirigir un retiro, elaborar materiales de enseñanza, escribir, lanzar y dirigir los Ministerios de la Identidad Verdadera (MIV). Por amarme a través de mi viaje por el cáncer y darme esperanza y determinación para seguir adelante con todo lo que Dios tenía por delante. Y recientemente, por el desarrollo en oración de los Hombres Verdaderos, ayudándome a llevar el mensaje de la Identidad Verdadera a los hombres. Has sido un esposo y padre piadoso y has sido un ejemplo tan inspirador para mí de la búsqueda de una relación íntima con Dios. Has modelado la oración y la confianza y has tomado tu responsabilidad como cabeza de nuestro matrimonio, familia y hogar con gran compromiso y cuidado. Te amo más y más con cada año que compartimos juntos.

A mi preciosa hija Carina, has sido una inspiración y una gran ayuda en la escritura y edición de este libro. Te estoy muy agradecida por las muchas veces que te llevé para ayudar en los eventos de los distintos trabajos que he tenido, por todos los retiros y las reuniones en las que he participado y has estado conmigo, me has ayudado y animado. Gracias por el increíble tiempo que compartimos llevando a TIM a Kenia, has tenido tu propio viaje increíble del que espero que algún día escribas. Tú misma has estado en el viaje de la Identidad Verdadera y veo que Dios continúa haciéndote más y más hermosa por dentro y por fuera. Estoy muy orgullosa de ti y de todo lo que has atravesado, de tu tenacidad y determinación para defender a Dios y lo que es correcto frente al ridículo y la soledad. Me encanta tu creatividad y la forma en que ves la vida a través de una óptica diferente. No puedo esperar a leer tu primera novela y ver cómo Dios usará todo lo que ha puesto en ti y te ha concedido para Su gloria.

A mi otra preciosa hija Sophia, Dios te envió a nuestra familia para que nos dieras una gran felicidad. Él sabía que te necesitábamos para que nos iluminaras. Eres una maravilla y me encanta tu visión positiva de la vida, tu creatividad, tu pasión y cuidado por los demás y tu maravillosa honestidad. Me encanta oírte cantar, verte en el escenario haciendo lo que te gusta hacer y la madurez espiritual y sabiduría que se desarrolla en ti. Gracias por todas esas charlas especiales que hemos tenido y por ver videos divertidos en YouTube juntas. Sé que Dios llevará a cabo los planes especiales que tiene para ti mientras sigas caminando y confiando en Él en cada paso del camino.

A mis hermanos Les y Larry. Ustedes han estado en este viaje conmigo toda mi vida y les agradezco por todos los años de amor, apoyo y confianza en mí. Todavía me asombra cada vez que hablo con ustedes y recuerdo la increíble obra redentora que Dios ha hecho en nuestra familia. ¡Estamos bendecidos! Les, sé que tuvimos nuestros años de dificultad, pero alabo a Dios por cómo ha redimido nuestra relación y nos ha dado la oportunidad de crecer en una amistad especial ahora como adultos. Eres una inspiración para mí, ya que has luchado en algunas batallas oscuras y has salido adelante para caminar en la luz. Tu testimonio ha ayudado y ayudará a muchos otros a conocer y confiar en el Señor, Él apenas está comenzando a usarte para la obra de Su reino. Larry, gracias por ser siempre mi defensor. Hubo años en la escuela en los que no estoy segura de que lo hubiera logrado sin que tú estuvieras cuidando de mí. Agradezco a Dios que te haya devuelto a una relación íntima con Él y te haya llevado a los ministerios para ayudar a que muchos otros lleguen a conocer a Dios de una manera profunda e íntima. Es una bendición vivir cerca unos de otros y tener la oportunidad de ministrar juntos.

A mí querida amiga y talentosa editora, Erika Hill. Me conoces desde hace muchos años y recuerdo que cuando nos conocimos me dijiste que debía escribir un libro sobre mi historia. Siempre tuve la esperanza de que, cuando llegara el momento, fueras tú quien me ayudara a terminarlo. Me ayudaste a confiar en que podía escribir este libro y me has animado en cada paso del camino. Gracias por los años de amistad especial, el apoyo y las oraciones y ahora por la ayuda para completar este libro. Ha sido un placer trabajar juntas en esto.

A mi familia de la Identidad Verdadera. ¡Qué increíble viaje nos ha dado Dios a todos en estos últimos nueve años! Han sido una bendición y un apoyo asombroso para mí, animándome a escribir este libro, creyendo que ahora era el momento y ayudándome a liberarme para alejarme y escribir. Gracias por sus oraciones, su sabiduría, su perspicacia, su disposición a dar tanto de sí mismos y por compartir su pasión por TIM. Nunca me sentí tan amada como cuando pasé por mi año de cirugías orales y luego, dos años después, por mi tratamiento contra el cáncer. Ustedes llevaban alimentos, siempre estaban ahí para ayudar, enviaban tarjetas de regalo y nos levantaban a mi familia y a mí con poderosas oraciones. Han sido mis "Aarón y Hur" que han estado a mi lado y me han sostenido cuando me he cansado o desanimado. Espero que este sea sólo el comienzo de muchos años más emocionantes que Dios tiene para nosotros, mientras continuamos llevando Su mensaje de la Identidad Verdadera a Sus preciosos hijos e hijas en todo el mundo.

A los muchos amigos que me han querido y han sido una bendición para mí en los buenos y en los malos momentos. Por las palabras amables, el oído atento, las oraciones, la comprensión, la exhortación, el consuelo y la ayuda en los momentos en que quise rendirme y desfallecer, ustedes me ayudaron a seguir adelante y a tener esperanza. Dios los ha utilizado a cada uno de ustedes para que formen parte de mi historia y por eso les estaré siempre agradecida.

Introducción
Antes de leer este libro

A lo largo de los últimos veinte años, me han animado a escribir mi historia y mi viaje hacia mi Identidad Verdadera en Cristo. He tenido dudas. "No sé cómo escribir un libro. Otros ya han escrito sobre este tema y lo han hecho bien. Era terrible en la ortografía y la gramática en la escuela y siento que mis palabras a menudo pueden ser un desastre", dije. Entonces Dios rompió claramente esas mentiras. Me habló y me dijo que un libro podía llegar a lugares a los que yo nunca podría ir. Él quería que este mensaje, SU mensaje, llegara a sus preciosos hijos, que mi historia fuera un estímulo para otros que luchan con su identidad. Él me recordó que ya me había dado la base para los materiales de enseñanza de los retiros y eventos de Identidad Verdadera, tenía el esquema y el marco de trabajo, sólo necesitaba darle cuerpo con historias y compilarlo en forma de libro. Él había inspirado a los hombres a escribir la Biblia, Él podría inspirarme y darme las palabras para este libro. Alguien me preguntó si tenía un escritor fantasma, yo dije: "¡Sí! ¡El Espíritu Santo!" Y efectivamente, lo tenía.

Escribir este libro ha sido un viaje increíble por sí mismo. Cuando me preparaba para salir durante diez días para comenzar a escribir, Dios me dijo que llevara mi Biblia y mis notas de enseñanza de Identidad Verdadera, los muchos diarios que había guardado a lo largo de los años y un block de papel blanco grande con marcadores, me pareció un poco extraño, pero lo hice.

Cuando estaba en el lugar de mi retiro de escritura y lista para empezar, dije: "Bien, Señor, ¿Por dónde empiezo?" Él me hizo empezar revisando el primer diario que tenía de 1977, mi segundo año en la universidad y leer cada uno de los otros que tenía, anotando en el block de papel las cosas que realmente se destacaban. No fue un viaje fácil volver a los años de dolor y esclavitud, pero a medida que lo hacía, empecé a ver que surgían patrones. Recordé las emociones que sentí durante algunos años muy difíciles, ya que una vez que estás curado y al otro lado del dolor, olvidas algunos de los sentimientos. Me sentí abrumada por la gracia, la misericordia y el amor de Dios en mi vida, tomó un alma rota y destrozada y la recompuso amorosamente pieza por pieza. Fue como hacer un mapa de mi vida y ver la mano de Dios desde el principio hasta ahora.

Había olvidado que no hace ni veinte años había escrito en uno de mis diarios que tenía el deseo de "ayudar a la gente a saber lo que es verdadero y lo que es falso" y unos años más tarde, mientras planeaba una conferencia de "hablar de nuestra identidad en Cristo", Dios me mostró que estas semillas habían sido plantadas mucho antes en mi vida de lo que me había dado cuenta y que Él había estado tejiendo este mensaje en mí mucho antes de que tuviéramos el primer Retiro de la Identidad Verdadera. Me quedé impresionada. Empecé a ver los "planes que el Señor tiene para mí" (Jeremías 29:11) plasmados en grandes hojas de papel blanco. Todo lo que Él me permitió pasar fue con este propósito, compartir mi historia, SU historia en mí y ser un testimonio de la increíble obra redentora de Dios. Dios ha escrito una historia en tu vida, también. Tus situaciones pueden no ser exactamente las mismas que las mías, pero tenemos el mismo Dios que quiere llevarnos a todos a un lugar de libertad y alegría.

Este mensaje de la Identidad Verdadera es muy frecuente en la actualidad. He escuchado a muchos pastores hablar sobre este tema, he visto que se menciona en libros y he escuchado charlas sobre él, porque está en el corazón de muchos para compartirlo. Realmente creo que este es el mensaje de Dios para todos nosotros para "un tiempo como este". Mientras el mundo nos grita que seamos algo para lo que nunca fuimos diseñados o destinados a ser, el corazón de Dios busca que sus hijos e hijas sean liberados en su Identidad Verdadera en Él.

Si estás leyendo este libro solo, te animo a que te tomes un tiempo para reflexionar y orar sobre las preguntas que aparecen al final de cada capítulo. Plantéate cada una de las preguntas y llévalas a Dios, buscando nuevas percepciones y comprensión a través de Él. Mantente abierto a lo que Él desee hablar en tu vida a través de este libro, sabiendo que Su objetivo final es liberarte en tu Identidad Verdadera en Él, para que puedas tener una relación amorosa e íntima con Él por la eternidad. Si estás usando este libro como un estudio en grupo, usa las preguntas al final de cada capítulo para la discusión y oren juntos la Oración Sugerida.

Todas las citas al principio de cada capítulo están tomadas de mis diarios, a menos que se indique lo contrario.

Mis padres.

Capítulo 1
Sueños rotos

Quiero que me vean como soy más allá de mi rostro.

La vida era buena para esta joven pareja: un apuesto director de arte con una exitosa carrera y una hermosa ex-azafata y modelo. Les encantaba relacionarse con la "gente de moda". Ahora ella era ama de casa que disfrutaba trabajando como voluntaria en organizaciones locales y en su iglesia. Ella asistía regularmente y él en los días de fiesta y en las ocasiones especiales. Creían en Dios y en hacer todo lo correcto para ganarse el camino al cielo.

Tenían un hijo pequeño y estaban construyendo su primera casa en un pintoresco barrio de Chicago. Su segundo hijo estaba en camino. Estaban entusiasmados por mudarse a su nueva casa y soñaban con la vida en los suburbios con dos hijos perfectos, un perro, vecinos amables y un estatus social más alto.

En una fría y lluviosa mañana de diciembre en un hospital del norte de Illinois, llegó el momento de que naciera su segundo hijo.

"¡Tienes una niña!", exclamó el médico.

La madre estaba encantada. ¡Tenía a su niña!

"Sin embargo, hay un problema", dijo el médico en voz baja.

El corazón de la madre se aceleró. "¿Qué pasa?", gritó.

"Tiene labio leporino y paladar hendido".

La madre estaba en estado de shock. Su mundo se derrumbó a su alrededor.

"¡No! No puede ser. Esto no puede ser".

El dolor y la culpa la abrumaron.

Abrió la manta y vio un pequeño bulto con un cuerpo perfecto, dedos de las manos y de los pies, un suave pelo castaño y un aterrador agujero en la cara. Había dado a luz a un monstruo.

Empezó a llorar, con el corazón roto.

"¿Tiene un nombre para ella?", preguntó el médico.

"Sí. Jennifer", dijo la madre entre lágrimas.

"Le diré a su esposo que tiene una niña", dijo el médico mientras salía de la habitación.

El médico sonrió débilmente y le dijo al esposo que su mujer estaba bien, pero que su hija tenía labio leporino y paladar hendido.

El esposo se quedó con la mirada perdida. "No, eso no puede ser", dijo. "¿Cómo puede ser?"

El médico le hizo entrar en la habitación. Vio a su esposa, exhausta y desconsolada, recostada en la cama. La bebé no estaba en la habitación. Fue al lado de su esposa y le cogió la mano.

¿Cómo pudo ocurrirles esto? ¿Qué habían hecho para merecer esto? ¿Cómo iban a enfrentarse a esto? Su mundo perfecto se había roto.

La enfermera trajo la niña a la habitación.

No estaba seguro de querer verla. Había oído hablar de niños con este problema y parecían bichos raros, no princesas.

La enfermera intentó entregarle la niña, pero él dio un paso atrás y negó con la cabeza. En su lugar, le entregó la niña a su madre.

Se acercó lentamente a la cama, miró la niña y sintió repulsión. Ansiaba abrazarla, pero no podía, no quería. Se negaba a hacerlo.

"Por favor, no le saques ninguna foto", dijo.

Diferente

Mis padres rara vez hablaban del día en que nací y cuando lo hicieron, dijeron: "Casi te perdemos a ti y a tu madre", o "No sabemos por qué naciste con esta deformidad", con breves respuestas llenas de culpa y vergüenza. Era como un gran secreto oscuro del que nunca querían hablar, que se cernía sobre la mayor parte de mi vida como una sombra misteriosa. Y, de hecho, no hay fotos mías hasta que tuve alrededor de seis meses y me sometieron a una primera cirugía correctiva.

Nacer con esta enfermedad conllevaba todo tipo de retos físicos, debido a una abertura en el paladar, me resultaba difícil comer, chupar o beber sin que me saliera líquido por la nariz. Me

causaba dificultades para respirar, numerosas infecciones de oído, problemas de sinusitis, problemas dentales y del habla.

A medida que crecía y era más consciente de la vida y de los demás a mí alrededor, empecé a notar que era "diferente". Mis padres me trataban como a una niña normal y los niños del barrio me aceptaban porque todos habíamos crecido juntos y yo era simplemente "Jenny" con una cicatriz y una voz graciosa. Pero cuando empecé a ir al colegio, las cosas empezaron a cambiar.

El corazón me latía con miedo mientras caminaba hacia la escuela por primera vez, agarrando fuertemente la mano de mi madre. Me dijo que me encantaría mi maestra de jardín de infancia y que estaba muy guapa con mi nuevo vestido. Agaché la cabeza, temiendo que los otros niños me vieran la cara y no hablé por miedo a que se burlaran de mi voz chillona y difícil de entender. Mi madre me acompañó al aula y me presentó a la profesora. Parecía muy simpática y me dijo que podía sentarme delante de ella. Me costó contener las lágrimas cuando mi madre me soltó la mano y dijo que volvería a buscarme por la tarde. Me senté rápidamente y esperé nerviosa a que los demás niños entraran en el aula, intentando no asustarme porque mi madre no estuviera allí para protegerme.

Cuando llegó la hora del recreo, salí en contra de mi voluntad, quedándome en la parte de atrás del grupo y cerca del edificio de la escuela. Algunos de los chicos empezaron a reírse, señalándome y preguntando: "¿Qué te ha pasado en la cara? ¿Por qué hablas tan raro?". Las chicas me miraban fijamente, se reían, me llamaban fea y me ignoraban. Empecé a llorar, queriendo escapar y correr a casa. Un profesor acudió en mi ayuda y me llevó de vuelta al aula. No tardó en venir mi madre a buscarme y le rogué que no me hiciera volver al día siguiente.

Esto fue mucho antes de que la educación en casa fuera una opción para las familias, así que tuve que volver al día siguiente y todos los días durante mis años de primaria, secundaria y preparatoria. La escuela se convirtió en una prisión. Todos los días se burlaban de mí, me miraban fijamente, me intimidaban y me dejaban de lado. Empecé a encerrarme en mí misma y a pensar que estaba dañada, que no me querían, que no valía nada y que era tan fea como decían los demás.

El largo camino de la rehabilitación

Los años de cirugías, los trabajos dentales, la terapia del habla, las infecciones de oído y los problemas de salud hicieron que fuera más consciente de que era "diferente". A veces me perdía semanas de clase, lo que en cierto modo era un alivio. No me gustaba todo el dolor y las molestias de los tratamientos, pero no me importaba ponerme al día con los deberes en casa. Me sentía más aceptada en la comunidad médica que en la escuela. Los médicos, las enfermeras y los dentistas no se burlaban de mí, ellos intentaban ayudarme.

La primera operación que recuerdo fue cuando tenía siete años. Mi madre me llevó por primera vez a la consulta de un cirujano plástico, que fue muy amable y nos habló de todos los detalles. Yo era demasiado joven para entender todo lo que decía, lo que aumentaba la sensación de ansiedad en esta nueva y aterradora experiencia. El médico me llevó a una sala con una cámara y luces y me hizo todo tipo de fotos de la cara desde distintos ángulos. Cada vez que se disparaba el flash brillante me sentía como si me imprimieran las palabras " fea", "deforme", "dañada". El médico me miró la nariz y la boca y tomó muchas notas. La operación se programó para unas semanas más tarde.

Me sentí aterrorizada mientras me llevaban al quirófano y

me ponían en la mesa de operaciones, era fría y estéril, con una enorme luz brillante que resplandecía sobre mí y tenía todo tipo de máquinas y equipos de aspecto siniestro. Una enfermera me puso una intravenosa mientras otra me cubría con una manta y preparaba los instrumentos. Unos minutos más tarde, una mano me cubrió la boca con una máscara de plástico y me dijo que respirara y contara hasta diez. Me desmayé antes de llegar a tres.

Lo siguiente que recuerdo es a una enfermera diciendo: "Jennifer, despierta, ya es hora de despertarse, todo ha terminado". Salí de una niebla negra y espesa, la luz se abrió paso lentamente, mi cabeza se aclaró y las cosas se enfocaron. Las náuseas y el dolor se apoderaron de mí mientras me ponía más alerta. Tenía la cara cubierta de vendas, me costaba respirar y me sentía miserable.

Dos semanas más tarde, cuando me quitaron las vendas, esperaba ver un rostro completamente nuevo y normal. Lo que vi fue decepcionante. Mi nariz estaba hinchada y no parecía muy diferente y tenía el labio superior hinchado con muchos puntos. Me quitaron los puntos y me dijeron que el aspecto sería mucho mejor en unas semanas, cuando la hinchazón bajara y las heridas se curaran. Cada mañana, cuando me levantaba y me miraba al espejo, esperaba ver un rostro nuevo y hermoso. Pero el reflejo seguía siendo el de una niña con cicatrices y nariz torcida y era difícil luchar contra el desánimo y las esperanzas frustradas.

Además de las cirugías, pasé muchos años en el sillón del dentista y del ortodoncista. Temía ir a ambos. Tuve aparatos en mis dientes de leche desde los seis hasta los once años y de nuevo a los doce hasta los diecisiete. No podía recordar lo que se sentía al deslizar la lengua sobre los dientes lisos, sonreír y no sentir que el metal me cortaba las encías y me causaba llagas, cambiar constantemente las bandas de caucho y usar el equipo para la cara por la noche. Muchas veces deseé que el médico me arrancara todos los dientes y me diera unos falsos. A pesar del largo y doloroso proceso, seguí aferrándome a la esperanza de que todo el tratamiento me ayudaría algún día a tener un aspecto "normal" y acabaría con las burlas y el rechazo.

Escapada creativa

Mi madre, la preciosa ex modelo y azafata de avión, siempre hacía todo lo posible para que me sintiera guapa. Me compraba ropa bonita e intentaba que mi cabello se viera bien, pensaba que me quedaba mejor el cabello corto con permanente, mientras que yo quería tener el cabello largo y suelto como todas mis amigas. "Pareces un chico" se sumaba a los insultos que me lanzaban en la escuela. Había muchos días en los que deseaba que las bolsas de papel estuvieran de moda para poder llevar una sobre la cabeza. Mi madre a menudo me decía que tenía unos ojos bonitos y unas manos elegantes, o que era una buena artista, o que tenía una personalidad maravillosa, con la esperanza de animarme y sacarme de mi infelicidad. Ansiaba tanto ser guapa como ella, a todo el mundo le gustaba.

Mi padre era amable conmigo, pero siempre un poco distante. Me protegía y sé que me quería, pero le costaba mucho demostrarlo. Siempre sentí que no estaba a la altura y que él pensaba que las chicas sólo eran dignas si eran hermosas.

Mi madre me animó a tomar clases de ballet, porque me hacía sentir elegante y como una princesa y cuando bailaba podía perderme en un mundo de cuento de hadas. Tomé clases de danza durante ocho años, pero nunca me eligieron para ningún papel principal. Cuando me presenté a una prueba de baile de jazz en la secundaria, me dejaron de lado por las chicas "guapas". Más tarde, venían y me preguntaban si podía ayudarles a coreografiar sus bailes, clavando más el cuchillo y retorciéndolo.

Mi otra vía de escape era el dibujo. Empezó a los siete años, cuando mis padres me regalaron de Navidad una lámpara de Barbie y un kit de dibujo. Utilizaba la lámpara y dibujaba todo tipo de trajes diferentes para Barbie. Me encantaba y me hacía pasar por ella, perfecta y bonita.

Movimiento

Durante toda mi adolescencia, se reafirmó el mensaje de que yo era "diferente y fea". En el verano de mi noveno año, nos mudamos de la zona del norte de Chicago a una ciudad más pequeña en el centro de Wisconsin y me rodeó un nuevo grupo de atormentadores. La constante pregunta de "¿Qué te ha pasado en la cara?" persistía y como todavía tenía una pequeña abertura en el paladar y me costaba pronunciar las palabras, me preguntaban repetidamente: "¿Qué has dicho?".

Una tarde a la semana, durante siete años, iba a pasar una hora con el fonoaudiólogo del colegio. Cuando me excusaban de la clase para ir, los niños se reían y hacían comentarios sobre cómo "el bicho raro iba a aprender a hablar". Los terapeutas trabajaron conmigo para desarrollar una pronunciación más clara, para usar mi boca de forma diferente y formar las palabras con las que tenía problemas. No pareció cambiar mucho para mí. Seguía hablando con un balbuceo y los niños seguían preguntándome incesantemente qué estaba diciendo. Cada vez me sentía más cohibida cuando hablaba y a los doce años había dejado de hablar a menos que fuera necesario. En su lugar, pasaba mucho tiempo sola en mi habitación, donde estaba segura, estudiando o dibujando, pero estaba sola y solitaria.

Atrapada

En la primaria y el bachillerato, yo era la "hermana fea", metida entre dos hermanos guapos que le gustaban a todo el mundo. Mi hermano mayor se burlaba de mí junto con todos sus amigos, mientras que mi hermano pequeño era mi defensor.

Una tarde de verano estaba sola en casa y de repente oí golpes en la puerta trasera. Fui a mirar y era el hijo del vecino. Empezó a gritar: "¡Eh, niña fea, voy a ir a por ti!". Me aterroricé y cerré la puerta con llave. Entonces él y mi hermano mayor, que se había unido, estaban golpeando la puerta del garaje, ambos riendo y gritando: "¡Vamos a entrar por ti!" Rápidamente corrí y cerré la puerta con llave. Presa del pánico, cerré también todas las demás puertas de la casa. Pronto hubo otros chicos con ellos golpeando diferentes puertas por toda la casa, gritando y burlándose de mí. Corrí a mi habitación, cerré la puerta y me envolví en una manta, llorando y temblando de miedo. Al final dejaron de hacerlo y se fueron a jugar a la casa del vecino. Aunque mis padres reprendieron a mi hermano, desde ese día viví con la preocupación constante de que mi hermano y sus amigos me atacaran cuando menos lo esperara. Por ello, evitaba a mi hermano todo lo posible y apenas le hablaba.

En cambio, mi hermano menor siempre estaba dispuesto a enfrentarse a quienes se burlaban de mí o me intimidaban. Como sólo nos separaba un año en la escuela, a menudo me acompañaba a mi casillero y a veces a mi primera clase. En el almuerzo se fijaba en cómo me iba y era cariñoso y optimista conmigo. Siempre me sentí segura con él.

Sin embargo, el hecho de estar rodeada de una familia guapa y bien parecida siempre me hacía sentir vergüenza, lo que me llevaba a ser cada vez más retraída. Me sumergí más en el dibujo y descubrí el amor por la fotografía. Ambas cosas eran seguras y divertidas, porque podía ser creativa y hacerlas sola.

Antes de continuar leyendo

1. ¿Tienes un sueño roto? ¿Cómo te hace sentir?

2. ¿Te has sentido alguna vez diferente a los demás?

3. ¿Cómo escapas de las heridas o del estrés en tu vida?

ORACIÓN SUGERIDA

Padre Celestial, Tú conoces mis sueños rotos. Tú conoces cómo la vida puede derrumbarse y traer grandes decepciones. Tú sabes de los momentos en que me puedo sentir diferente o sentir que no encajo. Ayúdame a recurrir a Ti y a buscar salidas sanas y a aliviar el estrés cuando la vida me parece hiriente e injusta. Dame fe para creer que Tú me traerás el más profundo consuelo y paz en medio de las duras pruebas de la vida. En el nombre de Jesús ~ Amén.

Primera foto mía con 6 meses.

Con mi muñeca favorita cuando tenía 3 años.

Capítulo 2
¿Por qué a mí?

Todas las operaciones y los esfuerzos no compensan las humillaciones y los rechazos. No entiendo el propósito de esto.

A los quince años, me habían hecho numerosas cirugías correctivas y extensos trabajos dentales, todos ellos muy difíciles y dolorosos. Después de una operación, en el mismo verano de mis quince años, me senté a mirarme en el espejo. Las vendas se retirarían en una semana, ¿Qué habría debajo? ¿Me decepcionaría como tantas otras veces? Los médicos dijeron que me habían quitado la protuberancia de la nariz, que habían movido el tabique para que pudiera respirar mejor y que habían hecho la punta un poco más pequeña, además de afinar la cicatriz de encima del labio. Pero lo único que vi fue un gran vendaje blanco en la nariz, unos feos puntos negros encima del labio superior hinchado y dos ojos negros. Cada respiración era una lucha y trataba desesperadamente de no llorar. Me dolía, por fuera y por dentro y me preguntaba si todas esas cirugías y años de trabajo dental me harían parecer normal, ¡olvidate de la belleza! Sería feliz siendo normal.

"¿Por qué a mí?" Me preguntaba a menudo, "¿Por qué tengo que estar condenada a esta maldición toda mi vida? ¿Qué he hecho para merecer esto? Es tan injusto". Poco a poco fui cayendo en una profunda depresión. Estaba en el fondo de un pozo oscuro y viscoso, sin luz y sin forma de salir. Había perdido toda esperanza de que algo cambiara o mejorara, me odiaba a mí misma y a mi vida.

Pasé muchas noches llorando hasta quedarme dormida y empecé a sentir que todos estarían mejor sin mí. Mis padres no tendrían que seguir pagando las facturas médicas, mi padre no se sentiría decepcionado y mis hermanos no se sentirían avergonzados ni tendrían que defenderme. Empecé a pensar en la forma más fácil y menos dolorosa de acabar con mi vida.

Esto es todo

Una noche en mis dieciséis años, mis padres estaban en una de sus muchas fiestas de fin de semana y mis hermanos habían salido con amigos. Pensé: "Esto es todo, lo voy a hacer esta noche". Conseguí algo de licor, ampliamente abastecido en nuestra casa y algo de Tylenol PM. Justo cuando estaba preparada para tomarlas y beber un poco de alcohol, mi hermano mayor llegó a casa inesperadamente. Me asusté y escondí las pastillas y el frasco debajo de la cama. Llamó a mi puerta y me preguntó qué estaba haciendo. Empecé a llorar, diciendo que no quería vivir más, estaba harta de las burlas y el dolor y sabía que todos estarían mejor sin mí. Él no tenía ni idea de lo que había interrumpido ni de cómo manejar mi llanto y dijo: "Jenny, ¿por qué le das tanta importancia a todo esto? es sólo una pequeña cicatriz". Lo miré con incredulidad, el hermano que siempre se burlaba de mí y hacía que sus amigos se unieran a él, ¿se burlaba de mi dolor? Ahora estaba enfadada. Le grité que se fuera. Sin saber qué hacer llamó a mis padres y les dijo que me estaba derrumbando y que tenían que venir a casa.

Alrededor de una hora más tarde, mis padres llegaron, algo embriagados y perturbados por haber interrumpido su fiesta. Sin duda, fue una llamada de atención para mi familia. Mi madre se esforzó aún más después de aquello, comprándome ropa bonita, regalándome material de arte nuevo, cualquier cosa para tranquilizarme. Mi hermano mayor fue un poco más amable y mi hermano pequeño aumentó su papel de protector. Pero mi padre se mantenía distante y sumergido en su trabajo y nada de lo que hicieran o dijeran me hacía sentir mejor. Ansiaba que la gente viera a la "verdadera" yo. La Jenny que hay detrás de la cara estropeada. Pero estaba segura de que estaba condenada a ser "la fea" y rechazada el resto de mi vida.

Campamento de verano

Crecí asistiendo a la iglesia con regularidad. Me sabía todos los himnos y las historias bíblicas, conocía a Dios y a Jesús y había sido confirmada en la iglesia. Pero creía que Dios no me amaba y no se interesaba por mí, incluso me castigaba. Sin embargo, también pensaba que si seguía las reglas podría ir al cielo cuando muriera. Así que me limité a seguir todas las reglas de la iglesia y a hacer lo que se esperaba de mí.

En el verano en que cumplí dieciséis años, mi madre quiso enviarme a un campamento de la iglesia, con la esperanza de que fuera una experiencia positiva y divertida. En cambio, para mí, ir y pasar una semana fuera de casa con un grupo de desconocidos no sonaba divertido y mi hermano pequeño no estaría allí para defenderme. Pero fui de manera renuente.

Un grupo de chicos que yo llamé "Fanáticos de Jesús" estaba allí. Los observé desde lejos, pensando que estaban locos porque no se burlaban de mí. Me hablaban y parecían realmente interesados en mí. Esto me intrigaba y no dejaba de pensar: "¿Cuál es el truco? ¿Qué quieren de mí? Nadie es amable conmigo". Empezaron a decirme que Dios me amaba y que Jesús quería ser mi amigo. Ahora sí que creí que estaban locos. ¿Cómo podía un Dios amoroso permitir que un niño naciera con un defecto que le causaba años de dolor y sufrimiento? Mantuve las distancias y aguanté el resto de la semana en el campamento, contenta de volver a casa y retirarme a la seguridad de mi habitación.

Mi primer año de secundaria fue tan duro como el segundo. Seguía pensando en acabar con mi vida y encontraba consuelo en la fotografía, el dibujo y ahora, la comida. Pensé que como ya era fea, no importaba si también era gorda. Seguía llorando hasta quedarme dormida y pasaba los días presa de una intensa depresión, intentando desesperadamente encontrar una salida a ese pozo profundo, viscoso y oscuro.

En el verano de mi tercer año, mi madre me envió de nuevo al campamento de la iglesia. Sabía que ella no podía ayudarme, pero quizás Dios sí.

Así que volví a ir al campamento. Esta vez mi hermano menor también fue y me sentí más segura al tenerlo conmigo. Algunos de los mismos "fanáticos de Jesus" estaban de vuelta. "Genial... ya empezamos otra vez", pensé. Pero había un chico nuevo, David. Era realmente agradable y guapo y parecía interesado en mí. Como nunca había tenido un chico atractivo interesado en mí, pensé en escuchar lo que tenía que decir.

Me preguntó qué me gustaba hacer y finalmente, qué pensaba de Dios. Le dije que creía que Dios no me amaba porque permitió que me sucediera algo terrible. David me dijo que Dios me amaba mucho y que permitía que esto me sucediera por una razón. Posiblemente no lo entendería ahora, pero algún día lo haría. Me dijo que Dios tenía un plan especial para mi vida y que quería que yo supiera cuánto me amaba y anhelaba tener una relación conmigo. Nunca había escuchado a nadie hablar de una relación personal con Dios. Conocía todas las historias de la Biblia por haber ido a la iglesia. Dios tenía una relación con algunas de las personas de la Biblia y con los sacerdotes, gente santa, pero no con la gente común como yo.

David pasó la semana enseñándome versículos de la Biblia que explicaban cómo Dios me amaba tanto que envió a su hijo Jesús a morir por mis pecados para que yo pudiera reconciliarme con Él y tener una relación personal con Él (Juan 3:16). Me preguntó por qué tenía tanto miedo de recibir el amor de Dios, le dije que era porque cada vez que dejaba que alguien se acercara a mí era rechazada y herida, seguramente Dios haría lo mismo.

David dijo que rezaba por mí y que esperaba que yo llegara a un lugar de entendimiento y aceptación del amor de Dios. Me preguntó si podía seguir en contacto después del campamento.

Rescatada

Varias semanas más tarde, David me invitó a unirme a él y a otros chicos en un lago durante unos días. Fui, sin saber qué esperar. Me encantaba estar junto a un lago, había pasado muchos veranos junto al lago en una casa de verano de la familia en el norte de Wisconsin y me entusiasmaba pasar unos días con un chico guapo.

La primera noche el grupo habló de Jesús como si fuera su mejor amigo y compartió las cosas maravillosas que Él había estado haciendo en sus vidas, cosas que nunca había escuchado antes. Me dijeron que tenían libertad en Su perdón, que Él les hablaba a través de la lectura de la Biblia, les daba entendimiento y comprensión, que Dios tenía un plan para su vida y que estaba en los detalles de ese plan y que Él los amaba más de lo que cualquier ser humano jamás podría o haría. No me presionaron ni me dieron un sermón, sólo compartieron sus propias experiencias. Me sentí intrigada y atraída por su sentimiento de alegría, paz y satisfacción, pero todavía no podía entender por qué se preocupaban por mí.

La noche siguiente me preguntaron si estaba lista para orar y pedirle a Dios que perdonara mis pecados, que hiciera a Jesús Señor de mi vida, que me entregara a Él y que recibiera todo lo que tenía para mí. Había pensado mucho desde que hablé con David en el campamento. Ya estaba atrapada en el fondo del pozo, así que ¿qué daño podía hacerme? Tal vez podría tener algún tipo de relación con Dios. Tal vez Él me amaba de verdad y podía ayudarme a salir de las garras paralizantes de la depresión y la desesperación. Si no, no había perdido nada.

Así que oramos. Dije que creía que Jesús había muerto por mis pecados y que había resucitado al tercer día y que ahora reinaba con Dios en el cielo (Romanos 10:9-10). Le pedí a Dios que me perdonara mis pecados, que fuera mi Señor y Salvador. Quería que Él invadiera mi vida y me llenara de su Espíritu Santo. Quería ser suya y saber realmente que me amaba. Quería ser libre y estar en paz.

En el momento en que terminé la oración, sentí como si me hubieran quitado un gran peso de encima. Mi cuerpo se inundó de calor, de amor y de esa profunda paz que tanto anhelaba. ¡Esto es lo que habían querido decir sobre el amor de Dios que nos llena! Lloré, reí, me regocijé y no pude dejar de sonreír y abrazar a todos. Por primera vez en mi vida me sentí verdaderamente amada.

Al día siguiente me bautizaron en el lago. Sentí que la "antigua" yo se sumergía en el agua y que la "nueva" yo salía a flote. (2 Cor. 5:17) Renacida, viva, LIBRE. Cuando miré al cielo sentí que Dios me sonreía. Me sentía llena de gratitud y no podía esperar a ir a casa y contárselo a mis padres y a mis hermanos. ¡Él me rescató del pozo!

Nuevos comienzos

Mi familia se dio cuenta de que yo era diferente. Mi madre se alegraba de que fuera más feliz, pero mi padre y mi hermano mayor pensaban que me había vuelto loca y me había convertido en una "Santa religiosa fanática de Jesús". Sin embargo, mi hermano menor quería saber más. Había estado en el campamento y Dios también había estado trabajando en su corazón.

Se lo conté a algunos chicos de la escuela y la noticia corrió como un reguero de pólvora. "¡Jenny es cristiana ahora! Nuestras oraciones han sido contestadas". Me pareció un poco extraño, ya que no sabía que ninguno de ellos fuera cristiano, excepto un niño cuyo padre era pastor. Sin embargo, me invitaron a participar en un estudio bíblico. Tenía hambre de las cosas de Dios y de lo que Él quería enseñarme. Desde que acepté a Cristo, mis ojos y mi espíritu se abrieron y ahora cuando leía la Biblia era como si Dios me hablara directamente, las palabras saltaban de la página con una comprensión y entendimiento completamente nuevos, ¡hablando de vida y alimento a mi alma sedienta! También me sentía más aceptada y abierta a arriesgarme a ser amiga de los demás.

Antes de continuar leyendo

1. ¿Cómo te ves a ti mismo? Escribe 10 palabras que utilizarías para describirte.

2. ¿Estás en un momento de tu vida en el que sientes que necesitas ser rescatado?

3. ¿Sabes cuánto te ama Dios? ¿Tienes una relación personal con Él? Si no es así, ¿te gustaría orar para hacerlo? Romanos 10: 9-10 te dará una idea de lo que debes orar. ¡Él está esperando para rescatarte y tener una relación especial contigo!

4. Si tienes una relación personal con Cristo, comparte con alguien cómo Dios te ha rescatado o el momento en que tu fe se convirtió realmente en algo personal y propio.

ORACIÓN SUGERIDA

Padre Celestial, gracias por amarme tanto que enviaste a tu Hijo Jesús a pagar la culpa de mí pecado en la cruz. Por favor, perdóname por mis pecados y por todo lo que se ha interpuesto en mi camino para recibir plenamente tu amor y rendir mi voluntad a la tuya. Por favor, ven y sé el Señor de mi vida. Ayúdame a confiar en ti para que me lleves a la completa sanación de las heridas y los sufrimientos de mi vida y seas testigo de todo lo que has hecho en mi vida. Gracias por rescatarme de mí mismo y bendecirme con libertad y vida abundante en ti. En el nombre de Jesús ~ Amén.

Mis hermanos y yo listos para celebrar un cumpleaños.

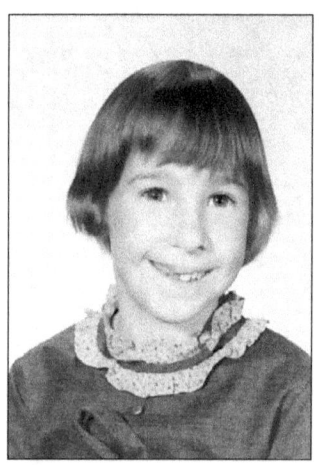

En el colegio a mis 7 años.

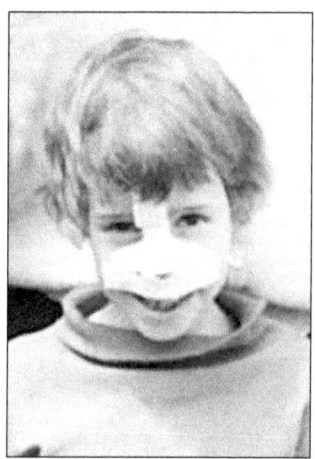

Primera cirugia que recuerdo a los 7 años.

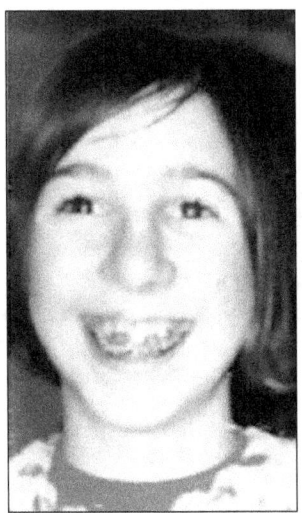

Foto del colegio a los 8 años. Recuerdo que me la tomaron varias veces buscando una foto aceptable.

El segundo aparato de ortodoncia a los 13 años.

Con mi kit de dibujo de Barbie a los 9 años.

*Graduación de la escuela secundaria
en 1975.*

Mi hermosa madre.

Capítulo 3
El patito feo

Estoy cansada de sentirme fea.

Me gradué en la secundaria contenta de haber dejado atrás esos tortuosos años y lista para pasar a la universidad. Me ponía nerviosa dejar mi casa y vivir en una habitación con desconocidos, pero en general estaba deseando cambiar. Además, no conocía a nadie de mi clase de la secundaria, que fuera a la misma universidad, por lo que podría tener un nuevo comienzo en el que nadie tuviera historia conmigo.

La comida se había convertido en mi aliada y mi consuelo y sabía que tenía que perder peso. ¿Se burlarían de mí también por eso? ¿O se comportarían más como adultos y me aceptarían? La emoción de iniciar los estudios de arte, diseño y fotografía superaba la preocupación. También sabía que había algunos grupos cristianos en los que podía participar y que seguramente me aceptarían. Y, por encima de todo, sabía que Dios iba a acompañarme.

Los dos primeros años de universidad fueron desafiantes y satisfactorios. Me encantaba poder tomar clases de las materias que me gustaban y empezaba a salir de la etapa de "patito feo". Perdí peso, me dejé crecer el pelo y me quité el aparato de ortodoncia. Los chicos empezaron a fijarse en mí y a decir que era guapa, pensé que estaban bromeando. ¿No veían la cicatriz, la nariz asimétrica y el labio desigual? No dejaba que ninguno de ellos se acercara a mí. En cambio, me concentré en mis estudios, en el estudio de la Biblia y en salir con mis compañeros de habitación. Todavía no hablaba mucho y la gente seguía haciendo comentarios y miradas, pero ya no me afectaba como antes. Dios me daba fuerzas y la esperanza de que algún día las cosas mejorarían.

A los veintiún años me sometí a una última operación para cerrar la pequeña abertura del paladar y afinar aún más la nariz y el labio. Una enfermera me enseñó a utilizar un maquillaje especial para cubrir la cicatriz y tener un aspecto más normal. Después de años de terapia de lenguaje, cirugías reconstructivas y trabajos dentales y de ortodoncia, podía hablar con la suficiente claridad como para que los demás me entendieran y ya no estaba tan acomplejada por mi aspecto. Hasta ese momento, mi identidad se había centrado en mi aspecto físico y todo de forma negativa. Todo estaba marcado por el juicio permanente, el rechazo y una constante sensación de inferioridad por parte de todos los sectores de mi vida: mis padres, los médicos, los profesores, los amigos, la sociedad. Me sentía como si me hubieran dejado salir de una prisión.

Fue entonces cuando mi madre se acercó a mí llorando y me dijo: "¿Conoces la historia del Patito Feo? porque ese es tu cuento". En el cuento de Hans Christian Andersen, El patito feo, un patito es rechazado y considerado feo porque es diferente a todos los demás patos. Luego, cuando ya ha crecido, ve su reflejo en un lago y se da cuenta de que no es un pato, sino un hermoso cisne.

Mi madre me recordó que yo también había dejado de ser un patito feo para convertirme en un cisne y me entregó un pequeño cisne de cristal. Fue el regalo más precioso que me hizo mi madre y hasta hoy los cisnes ocupan un lugar muy especial en mi corazón. No sólo porque me recuerdan cómo me ve Dios y de lo que me sacó, sino también de mi madre y del amor especial que me tenía. Especialmente desde que la perdí cuatro años después a causa del cáncer.

Tú historia

Como seres que vivimos en un mundo pecador y caído, todos hemos experimentado el rechazo o hemos sido heridos de alguna manera. Tal vez has sido abusado, o vienes de un hogar destruido, fuiste abandonado, perdiste algo querido, fuiste intimidado o burlado, tuviste una relación fallida, o te dijeron cosas que hirieron profundamente tu alma. No estás solo.

Como el patito feo, todos necesitamos ver nuestros reflejos desde la fuente adecuada y descubrir nuestra identidad verdadera. Mi madre fue la primera en decirme que ya no era un patito feo, sino un cisne. Años después, me di cuenta de que siempre había sido un cisne, pero nunca lo supe. Mi esperanza es que mi historia te anime a compartir la tuya y que tu propio viaje hacia la sanación y la libertad pueda comenzar.

Acompáñame en un viaje para descubrir quién y de quién eres realmente.

Antes de continuar leyendo

1. ¿Qué tipo de cosas te han hecho sentir rechazado o herido?

2. ¿Cómo sueles afrontar el rechazo o el daño?

3. ¿Quién en tu vida es la persona a la que puedes acudir cuando te sientes herido? ¿Cómo te ayuda esa persona?

4. Todo el mundo tiene una historia. Toda la humanidad ha pasado por experiencias difíciles, hirientes y dolorosas. ¿Cuál es tu historia de "patito feo"? Comparte tu historia con un amigo de confianza o con un grupo pequeño. Te sentirás mejor después de hacerlo.

ORACIÓN SUGERIDA

Padre celestial, gracias porque cuando me siento destrozado y quebrantado puedo acudir a ti y comprender mi dolor más profundo. Gracias también por haber colocado a personas en mi vida para que me consuelen y me animen. Ayúdame, como el patito feo, a verme como tú me ves. Mientras empiezo a descubrir mi identidad verdadera, permíteme llegar a ti con mi dolor más profundo, sabiendo que tú traes sanación En el nombre de Jesús. ~ Amén.

❋ ❋ ❋

En la boda de un amigo. Aún
luchando contra el peso y el
sentimiento del patito feo.

En la boda de mi hermano 4 años
después.

Alrededor de los 24 años.

Capítulo 4
Mentiras, mentiras, mentiras

Me siento despreciable y horrible conmigo misma. Sé que Satanás utiliza esta debilidad para tratar de derrotarme y sembrar grandes dudas en mi mente y mi corazón.

Tras graduarme en el Instituto de Arte y Diseño de Milwaukee con una especialización en publicidad y diseño gráfico, trabajé como diseñadora gráfica en el departamento de publicidad de los grandes almacenes Gimbel's de Milwaukee (Wisconsin). Hacía poco que me habían "ascendido" de los anuncios de artículos del hogar a los de lencería y mi trabajo consistía en supervisar las sesiones fotográficas de lencería.

Antes de que existieran los ordenadores y el Photoshop, las impresiones reveladas de la sesión fotográfica iban a parar al técnico de aerografía. Sabiendo lo que quería el director artístico, le decía al técnico que recortara los muslos de la modelo, le quitara unos centímetros de cintura, le aumentara los pechos y le aclarara la piel. El resultado final era impresionante, pero no era lo que había visto abajo en la sesión de fotos. Ahora, con los ordenadores y el Photoshop, los artistas pueden hacer cambios aún más drásticos: alargar el cuello, hacer los ojos más grandes o de otro color, cambiar la forma de las cejas o la nariz, rellenar los labios, incluso poner la cabeza de alguien de otra persona. A menudo me pregunto por qué se molestan en utilizar un modelo. Pueden crear lo que quieran y el espectador no tiene forma de saber qué es real.

Los publicistas utilizan el truco para manipular los deseos y las percepciones de aceptación de la gente. "La publicidad aprovecha el anhelo de las personas de tener un enfoque positivo en sus vidas", afirma Sarah Young en su devocional Jesus Calling. Estamos convencidos de que si tenemos un aspecto determinado, tenemos ciertas cosas o hemos alcanzado un cierto nivel de éxito y admiración, nos sentiremos realizados. En el centro de todo esto está el maestro de la elaboración de mentiras vacías.

Día de la decepción

Diariamente nos bombardean con mentiras y engaños, convenciéndonos de que somos "patitos feos", distorsionando física, emocional o espiritualmente nuestras identidades y ofreciendo promesas vacías de realización y esperanza.

Imagínate esto: La alarma falla y te levantas tarde, sin tiempo para tu habitual tiempo de silencio con el Señor. "Bueno, no pasa nada", dices, "porque de todos modos no estoy segura de que Dios escuche realmente mis oraciones". Te duchas, utilizando los mejores productos para que tu pelo brille y tu cuerpo esté limpio y suave. Te secas y te miras en el espejo, sintiendo que éste va a ser otro día "gorda y fea". Quizá Mary Kay pueda ayudarte. Tu desayuno es una bebida dietética porque si pierdes dos kilos podrás entrar en ese bonito conjunto que te compraste hace unas semanas y te sentirás mejor contigo misma. Pones el noticiero y ves a Ken y a Barbie describiendo los terribles acontecimientos que ocurren en tu ciudad y en todo el mundo, con sonrisas perfectas en sus rostros. Te diriges a preparar el desayuno de tu familia y preparar sus almuerzos. Tu esposo se apresura a salir por la puerta sin dar un beso de despedida. Tus hijos te desafían toda la mañana. De camino al trabajo te sientes una esposa poco atractiva y una mala madre. Pero tienes un gran trabajo y vas en tu nuevo BMW. Una vez allí, tienes una mañana productiva, hasta que tu jefe te dice que te van a cambiar de oficina porque necesitan espacio para el nuevo chico que tiene mucho talento. Te planteas llamar a una amiga para comer, pero decides no hacerlo porque ella tiene un trabajo maravilloso, un matrimonio y unos hijos y siempre parece sacada de una revista. Verla sólo te haría sentir más deprimida.

Consigues pasar el resto del día, te detienes en el supermercado y en la caja echas un vistazo a las revistas. "Si pudiera tener ese aspecto, mi vida sería perfecta", te dices con un suspiro. Llegas a casa, preparas la cena -en su mayoría alimentos dietéticos procesados que dicen "saludable" en el paquete, para ayudarte a perder esos dos kilos-. Enciendes la televisión para relajarte con tu esposo después de tu agotador y deprimente día. La ves un rato, admirando la bonita casa en la que vive la familia del programa y preguntándote si puedes conseguir que tu casa se parezca a esa. Empiezas a pensar que si tu esposo tuviera un trabajo mejor quizás podrías vivir en una casa así. De hecho, te mereces vivir en una casa así.

Subes las escaleras para prepararte para ir a la cama. Te cepillas los dientes con el último producto blanqueador y te untas crema anti-edad en la cara, pensando: "Si consigo parecer 10 años más joven, todo el mundo se fijará en mí y me admirará más". Te metes en la cama y lees un poco de tu novela romántica, deseando que tu vida sea como la de la heroína del libro y que tu esposo te hable y te trate como lo hace el maravilloso y apuesto héroe. "Si sólo..." es tu último pensamiento antes de dormirte.

¿Has tenido alguna vez un día así?

El director general del engaño

1 Pedro 5:8, "Estad alerta y sed sobrios. Vuestro enemigo el diablo merodea como un león rugiente buscando a quien devorar" (NVI).

Un ejemplo reciente de la astucia de Satanás es una situación que experimenté mientras estaba fuera con mi comité y mi equipo de oración para un retiro de oración del ministerio. La primera noche del retiro recibí un correo electrónico de un pastor de Inglaterra que me invitaba a ser oradora invitada en una conferencia de mujeres que se celebraría dentro de unos meses. Cubrirían todos los gastos de mi viaje, el alojamiento y las comidas, además de pagar una importante cuota de orador. El pastor me animó a visitar el sitio web de su iglesia para obtener más información sobre ella. Tanto el sitio web como la iglesia parecían muy legítimos, tenían un anuncio sobre la conferencia de mujeres y después de escuchar uno de los sermones del pastor, ¡me entusiasmé con la posibilidad de ir a Inglaterra y formar parte de esta conferencia!

Le envié un correo electrónico con preguntas para aclarar algunos detalles. Me respondió al día siguiente con más información sobre la participación en la conferencia, una carta de invitación, un contrato y las instrucciones para obtener un visado de entrada al Reino Unido. Me dijo que una vez que tuviera el visado de entrada al Reino Unido, podrían hacer los arreglos de mi viaje y enviarme un depósito para los honorarios de los ponentes.

De camino a casa, el pastor me llamó y se presentó para preguntarme si había recibido el correo electrónico y si había contactado al funcionario de la frontera para conseguir un visado de entrada. Le dije que sí y él respondió a algunas de mis preguntas más y me dijo lo emocionados que estaban. Tuve un pensamiento fugaz de que no sonaba como el pastor del vídeo de la página web, pero supuse que era por una mala conexión telefónica.

Esa noche, mientras oraba, me vino a la mente la frase "Lobo con piel de cordero". A la mañana siguiente recibí un correo electrónico del funcionario de la frontera en el que me pedía algunos datos básicos y 600 dólares a través de Western Unión para obtener un permiso de trabajo, no un visado de entrada. Intuí que algo iba mal. Mi esposo, un amigo y yo examinamos más detenidamente el contrato, comparamos la información que figuraba en él con la de la iglesia y las cosas no coincidían. Nos preguntamos: "¿Desde cuándo el gobierno británico trabaja a través de Western Unión? ¿Por qué el contrato dice que me alojarán en un hotel de Londres cuando la conferencia es en el sur de Gales? ¿Por qué el "pastor" del teléfono suena diferente al pastor del vídeo de la iglesia? ¿Por qué insisten tanto en que pague 600 dólares por un permiso de trabajo como orador invitado a una conferencia? Decidimos enviar un correo electrónico a la iglesia directamente, a una dirección de correo electrónico diferente de la que usaba el "pastor" y preguntar si realmente me habían invitado a ir a hablar.

La iglesia nos respondió a la mañana siguiente. No me habían invitado. Se trataba de una estafa, estaban al tanto de ella y la estaban investigando. Vaya, era una estafa muy astuta y bien pensada. Satanás hizo que todo pareciera tan real y bueno, incluso utilizándolo justo después de los grandes avances espirituales de nuestro retiro de oración..

Satanás es un enemigo malvado y conspirador, que se disfraza de persona compasiva y bondadosa que se preocupa por tus intereses. No caigas en la trampa.

Cuando un ejército se prepara para ir a la batalla, estudia a su enemigo. Mi padre a menudo compartía historias sobre el estudio del ejército alemán y sus tácticas antes de que su compañía militar entrara en batalla durante la Segunda Guerra Mundial. Lo mismo ocurre con nosotros. Como estamos viviendo en este mundo, que es gobernado por Satanás, el príncipe de las tinieblas, necesitamos estar conscientes del enemigo y de cómo opera.

Juan 8:44 nos dice esto acerca de Satanás; *"él fue un asesino desde el principio y no tiene nada que ver con la verdad, porque no hay verdad en él. Cuando miente, habla por su propio carácter, porque es mentiroso y el padre de la mentira".*

El carácter de Satanás es mentir, él es el padre de todas las mentiras, sin embargo actuamos como sino existiera, o como si solo mintiera algunas veces. Seguimos dándole una segunda oportunidad, creyendo que quiere traernos plenitud, paz y alegría. Sin embargo, 2 Tesalonicenses 2:9 nos advierte: *"La venida del inicuo será conforme a la forma de actuar de Satanás. Utilizará toda clase de demostraciones de poder mediante señales y prodigios que sirven a la mentira"* (NVI).

El objetivo de Satanás es poner una brecha entre nosotros y Dios, impedir que crezcamos en nuestra relación con él, y llevarnos a fortalezas y ataduras que finalmente nos destruirán. Lucas 8:12 dice: *"Los que están en el camino son los que oyen y luego viene el diablo y les quita la palabra del corazón, para que no crean y se salven"* (NVI).

Su estrategia es convencernos de que Dios no existe o, si existe, de que no nos ama, es distante y desconfiado, no puede ayudarnos ni salvarnos. Desde Adán y Eva en el jardín (Génesis 3), Satanás ha estado susurrando en nuestros oídos que "si sólo _____, seríamos más felices, más sabios, más ricos, más bonitos, como Dios". Que encontraremos nuestra plenitud en el MUNDO, no en Dios.

Satanás sabe exactamente cómo atraernos, darnos medias verdades y torcer las escrituras lo suficiente para que mordamos el "anzuelo". Comienza con una mentira que puede venir a nosotros a través de nuestros pensamientos, algo que escuchamos, o situaciones u objetos de apariencia inocente (libros, películas, periódicos, revistas, etc.). 2 Corintios 11:14 nos dice que *"Satanás se disfraza de ángel de luz"*.

"Generalmente no es obvio. Puede disfrazarse de un Best Seller del New York Times, de una revista popular, de una película, de un programa de televisión, de una canción de éxito del Top 10. Puede incluso hacerse pasar por un pariente o amigo que da un consejo sincero, un terapeuta, un escritor cristiano, un predicador o un consejero. Puede sonar bien, sentirse bien, parecer bien, pero si es contrario a la Palabra de Dios, ¡NO ES CORRECTO!" -Nancy Leigh DeMoss.

2 Timoteo 2:26 - *"Y que entren en razón y escapen de la trampa del diablo, que los ha llevado cautivos para que hagan su voluntad"*.

1 Pedro 5:8 - *"Estad alerta y sed sobrios. Vuestro enemigo el diablo ronda como un león rugiente buscando a quien devorar"* (NVI).

3 Canales principales de engaño y tentación

1 Juan 2: 15-16 dice: *"No améis al mundo ni a las cosas del mundo. Si alguien ama al mundo, el amor del Padre no está en él.*

41

Porque todo lo que hay en el mundo -los deseos de la carne y los deseos de los ojos y la soberbia de las posesiones- no viene del Padre, sino del mundo".

Y no es Dios quien nos tienta, Santiago 1:13-16 nos dice: *"Que nadie diga cuando sea tentado: "Estoy siendo tentado por Dios", porque Dios no puede ser tentado con el mal y Él mismo no tienta a nadie. Cada uno es tentado cuando es atraído y seducido por su propio deseo. Entonces el deseo, una vez concebido, da a luz el pecado y el pecado, una vez desarrollado, da a luz la muerte. No os dejéis engañar".*

El engaño de Satanás vendrá a través de tres canales principales:

• **La lujuria de la carne** – Este engaño nos dice que satisfagamos nuestras necesidades fuera de los límites de la voluntad de Dios.

Por ejemplo, necesitamos comer para vivir, pero comer en exceso es ceder a la lujuria de la carne, al igual que matarnos de hambre para alcanzar un peso que creemos deseable. Estamos diseñados para tener una relación sexual con un cónyuge, pero cedemos al deseo sexual fuera del matrimonio o nos volvemos adictos a la pornografía, esto puede decirse de casi cualquier adicción. Estamos dejando que nuestra carne gobierne sobre nosotros en lugar de vivir dentro de los límites amorosos que Dios estableció para protegernos y darnos una vida plena y saludable en Él.

• **La lujuria de los ojos** – Este engaño nos hace desear lo que el mundo tiene para ofrecer, más de lo que deseamos confiar en la provisión amorosa de Dios.

Vemos algo (o alguien), lo deseamos y pensamos que lo merecemos. Esta es la creencia de que las cosas del mundo en lugar de Dios nos llenarán y nos harán felices y que merecemos tener lo que vemos y queremos. Nos hace ser egoístas, amantes del dinero, adictos al trabajo, adictos a las compras, decididos a "ser grandes" a cualquier precio, en lugar de estar contentos y confiar en que Dios proveerá nuestras necesidades. Lleva a la gente a codiciar, mentir, robar, engañar e incluso matar para tener lo que creen que les dará satisfacción y felicidad. Pero, Mateo 6:24 nos dice - *"Nadie puede servir a dos señores, porque o bien odiará a uno y amará al otro, o bien se dedicará a uno y despreciará al otro. No se puede servir a Dios y al dinero"*.

• **Orgullo de la vida** – Este engaño nos aleja de la adoración a Dios al impulsarnos a convertirnos en nuestros propios dioses. El mundo ama al hombre que se ha hecho a sí mismo, a las historias de pobres a ricos, que a menudo elevan al hombre y lo que han logrado en lugar de dar gloria a Dios. Nos tientan a decir: "Mira lo que he logrado. Soy mejor que los demás. No necesito a Dios. Yo determino mi propio destino".

El orgullo es malo y destructivo. Proverbios 16:18 nos recuerda: *"Antes del quebrantamiento es la soberbia y antes de la caída la altivez de espíritu"*. Cuando alguien está impulsado a parecer constantemente correcto o mejor que todos los demás es sólo cuestión de tiempo antes de que caiga. Hemos visto que esto sucede con líderes del ministerio, políticos, hombres de negocios, celebridades y otras personas con poder e influencia, ellos construyen un reino para ellos mismos y luego mienten o el secreto es revelado y su mundo se viene abajo. Recuerda, *"Dios se opone a los orgullosos".* (Santiago 4:6).

Cada uno de nosotros tiene áreas de vulnerabilidad y el enemigo sabe cuáles son. Mantente alerta.

Él traerá la tentación perfecta en tu momento más vulnerable.

Antes de continuar leyendo

1. Describe el carácter de Satanás con tus propias palabras.

2. ¿De dónde vienen las mentiras?

3. ¿Cuáles son las formas en que Satanás nos engaña y nos miente?

4. ¿Qué áreas son más vulnerables a la tentación y en qué situaciones?

5. ¿Cómo sueles enfrentarte a la tentación? ¿Te resistes y huyes, o cedes y te justificas?

ORACIÓN SUGERIDA

Querido Padre Celestial, por favor ayúdame a estar alerta a los planes y tentaciones de Satanás. Muéstrame las formas en que el enemigo está tratando de tentarme y atraparme. Ayúdame a huir de la tentación en lugar de ceder y luego tratar de justificar mis acciones. Quita las vendas de mis ojos y guíame hacia tu verdad. En el nombre de Jesús ~ Amén

Satanás es mucho más serio que nosotros—compra la oportunidad mientras nosotros nos preguntamos cuanto va a costar.

~ Amy Wilson-Carmichael

Capítulo 5
Un montón de mentiras

Dejé de leer revistas femeninas:
Solo alimentaban la mentira de
"Nunca soy lo suficientemente buena."

Satanás es bastante creativo y tiene toda una gama de mentiras que puede ofrecernos. Sin embargo, su engaño y sus tentaciones a menudo vendrán a través de los tres canales mencionados en el capítulo anterior, la lujuria de la carne, la lujuria de los ojos y el orgullo de la vida, con estos tipos de mentiras:

• Mentiras de la comparación - metas falsas

• Mentiras de la tentación - carnada/anzuelo.

• Mentiras de la conciencia - justificar/manejar el pecado.

• Mentiras acusadoras, condenatorias - falsa identidad.

Mentiras de la comparación

Uno de los mayores engaños para las mujeres es que los medios de comunicación irreales y "hollywoolizados" nos digan que si no nos vemos jóvenes y bellas no tenemos ningún valor.

MUJERES, ¡NOS ESTÁN MINTIENDO! Casi todo lo que se ve en las revistas y en los medios de comunicación ha sido retocado, lo que significa que el estándar que se nos impone ni siquiera es real. Incluso las modelos no son lo suficientemente bellas. *Todos nos esforzamos por conseguir algo que es imposible de alcanzar.*

Esto se reforzó para mí en Filipinas hace unos años. Conduciendo por Manila, me di cuenta de que había lugares en los que se podía aclarar la piel y agrandar y enderezar la nariz. En una reunión de mujeres pregunté a las filipinas cuál era su idea de la belleza, me dijeron: "Parecerse a las americanas o a las europeas". Les dije: "Es curioso, en Estados Unidos todas queremos tener la piel bronceada y narices pequeñas como ustedes". La comparación de la belleza es universal. Experimenté algo similar en Kenia. El estándar de belleza keniano es una mujer de piel oscura y más grande. Me miraban y pensaban: "¡Tienes que oscurecer tu piel pálida y poner algo de grasa en esos huesos!". Siempre me decían que debía comer más, justo lo contrario que en la cultura estadounidense. Cada cultura tiene sus propios estándares de belleza, a menudo algo diferente a la norma o inalcanzable para la mayoría de la gente.

Crecí con las muñecas Barbie y pasé la mayor parte de mi infancia anhelando parecerme a Barbie y vivir en el mundo perfecto que había creado para ella. A medida que crecía, pasé a comprar las últimas revistas femeninas para conocer los secretos de belleza de las estrellas, los nuevos consejos de moda y cómo "bajar dos kilos en una semana". (Nunca entendí por qué estas revistas siempre tenían fotos de postres en la portada con este tipo de titulares debajo. Seguro que Barbie no comía pastel). Después de un tiempo, me di cuenta de que esto sólo alimentaba la mentira de "no soy lo suficientemente buena y no doy la talla". Así que dejé de hacerlo. Lo mismo ocurrió con las novelas románticas. Al principio me parecía tan inocente escaparme al mundo de fantasía que describen estos libros, en el que todas las mujeres son rescatadas y conquistadas por un apuesto príncipe azul para vivir "felices para siempre" en un precioso castillo o mansión. Cuando me di cuenta de que me estaba haciendo sentir muy descontenta conmigo misma, con mi familia y con el lugar que ocupaba en la vida, supe que tenía que parar. No estaba viviendo como nos dice Pablo en la Biblia: *"Estar contentos en cualquier situación en la que nos encontremos"* (Filipenses 4:11).

Sarah Young, en su devocional, *Jesus te Llama*, comparte acertadamente   lo   que   el Señor le dijo: "Deja de juzgarte y evaluarte, porque ese no es tu papel. Sobre todo, deja de compararte con otras personas. Esto produce sentimientos de orgullo o de inferioridad; a veces, una mezcla de ambos. Yo conduzco a cada uno de mis hijos por un camino hecho a su medida. Comparar no sólo es un error, sino que no tiene sentido. No busques la afirmación en los lugares equivocados; tus propias evaluaciones, o las de otras personas. La única fuente de afirmación real es Mi Amor incondicional". En otras palabras, ¡DEJA DE COMPARAR!

Mentiras de la tentación (carnada/anzuelo)

El propósito de las mentiras de la tentación es tentarnos a morder el "anzuelo". Parecen inocentes y buenas por fuera, así que nos atraen para que abramos la puerta y le demos a Satanás un punto de apoyo. Tal vez suene o se vea así:

"Sólo lo intentaré esta vez,"

"Sé que estoy casado, pero sólo estamos teniendo una conversación".

"Es sólo una historia de fantasía".

"No hace daño a nadie".

Barb había estado bajo mucho estrés con su trabajo. Se sentía fracasada desde hacía mucho tiempo porque su padre siempre le decía que nunca llegaría a nada y ésta era su oportunidad de demostrar su valor. Un hombre atractivo del trabajo empezó a prestarle más atención. Como su matrimonio era complicado, se sintió vulnerable, pero pensó que no estaría de más tener una conversación con él. Con el paso del tiempo, sus conversaciones empezaron a ser más personales y ella se encontró pensando cada vez más en él. Se decía a sí misma que no había nada malo en ello porque no había hecho nada físicamente íntimo, pero se había apegado emocionalmente. Esto puso una brecha entre ella y su esposo y comenzó a tener pensamientos para dejarlo y buscar una relación con su colega de trabajo.

No sé cuántas veces he caído en las mentiras de la tentación, sin reconocerlas como mentiras diseñadas para atraerme a una trampa.

Mentiras de la conciencia - justificar/ manejar el pecado

Si cedemos a la tentación, entonces empezamos a justificar la mentira y las acciones o el pecado que hemos cometido. Esto nos lleva a las mentiras de conciencia/justificación/manejo del pecado, que pueden ser similares a las mentiras de la tentación, pero pueden sonar/parecer más como esto:

"Lo probé y realmente no me cambió ni me afectó".

"No soy adicto al alcohol. Sólo me tomé unos tragos. Yo puedo parar en cualquier momento".

"Es un hombre muy agradable y me hace sentir especial. No tenemos una relación física. Sólo es un buen amigo".

He visto que la justificación de la infidelidad emocional y física o la adicción encierran a las personas en un círculo vicioso de mentiras. A menudo no queremos responsabilizarnos de decisiones o acciones que sabemos que son incorrectas, así que intentamos justificarnos fingiendo que no es tan malo o que no pudimos evitarlo. O, porque otra persona hizo algo, o, en el caso de la infidelidad, no hizo algo que esperábamos, justificamos nuestras elecciones y acciones pecaminosas, incluso hasta el punto de hacernos las víctimas y sentir pena por nosotros mismos o culpar a los demás. Por ejemplo, una mujer tiene una aventura con otro hombre, pero lo justifica culpando a su esposo por no prestarle suficiente atención, o por no amarla como debería. En su mente, ella es la víctima de la situación. Si su esposo hubiera mostrado más aprecio por ella, no habría tenido una aventura.

Mentiras acusadoras/condenatorias - Falsa identidad

Son mentiras que nos hacen sentir condenados, nos tientan a creer mentiras sobre Dios o sobre cómo nos ve Dios. Pueden sesgar nuestra percepción de nosotros mismos, de los demás y de Dios, llevándonos a una identidad falsa o equivocada. He aquí algunos ejemplos:

"Dios no me ama".

"Dios es igual que mi padre terrenal".

"No valgo nada".

"Sería feliz si ——————".

"El sexo es amor".

Puede que mires algunos de los ejemplos y te preguntes: "¿Es una mentira?". Eso es exactamente lo que Satanás querría. Si pensamos que es verdad, entonces morderemos más fácilmente el anzuelo. Algunas mentiras las hemos escuchado y creído durante tanto tiempo que se han convertido en nuestra verdad o realidad. Otras veces nuestra cultura nos dice que ciertas cosas son verdaderas y porque todos los demás lo creen, nosotros también.

Una mentira muy extendida es "El sexo es amor". El sexo está destinado a ser una hermosa expresión de amor dentro de un matrimonio, pero Satanás ha utilizado la pornografía, su amor falsificado, para robar y distorsionar el hermoso diseño inicial de Dios para el amor y el sexo.

Mi introducción al amor y al sexo fue a través de la pornografía. Todo lo que mi madre me había dicho era que cuando el sexo es con alguien que amas es hermoso. Mi padre era de la "generación Playboy". Tenía unos doce años cuando descubrí la pila de revistas en el estante superior de su armario. Un día, cuando estaba sola en casa, me picó la curiosidad y al abrir una de las revistas, me adentré en un mundo de hermosas mujeres desnudas pintadas con aerógrafo y caí en una profunda depresión. Pensé: "¿Es esto lo que los hombres esperan y desean? ¿Tengo que tener este aspecto para atraer alguna vez el amor de un hombre?". Mirando esas revistas y leyendo esas historias, pensaba que el amor era esto. Mientras me pareciera a una de esas mujeres e hiciera ese tipo de cosas con un hombre, sería amada y satisfecha en una relación.

Llevé esta visión falsa del amor y el sexo hasta mi edad adulta y me causó todo tipo de temores y conceptos erróneos en las relaciones. Tuve que permitir que Dios me limpiara de todas las imágenes e historias pervertidas que había visto y leído, de las actitudes y comportamientos erróneos hacia los hombres, que me abrazara la verdad de Su diseño perfecto para el amor y el sexo en el matrimonio y fuera liberada de todas las mentiras y engaños.

Otra mentira con la que he visto luchar a mucha gente es: "Dios es igual que mi Padre terrenal". Durante muchos años creí esta mentira. Mi padre era un hombre bueno y cariñoso, pero tenía la costumbre de prometer cosas y luego echarse atrás en el último momento. Estuvo a punto de no venir a mi graduación universitaria por una reunión de negocios. Siempre me hacía ilusiones y pensaba: "Esta vez será diferente" y cada vez no lo era. Me sentía defraudada una y otra vez. Creía que mi padre realmente no me amaba y por lo tanto, Dios tampoco me amaba. Me prometía cosas y en el último momento me decepcionaba, igual que mi padre. No podía confiar en mi padre terrenal ni en Dios, lo que se extendió a la creencia de que no podía confiar en ningún hombre.

Presta atención a lo que oyes y te dices a ti mismo y empieza a ser más consciente de las cosas que te tientan. Pide a Dios que te revele las mentiras que has creído.

Antes de continuar leyendo

1. ¿Qué tipo de mentiras son más propensas a creer?

2. ¿Por qué crees que a veces nos resulta más fácil creer una mentira que la verdad?

3. Ora y pídele a Dios que empiece a revelarte las mentiras que has estado creyendo. * A medida que Él te las revele, escríbelas.

4. Ahora pídele al Señor que te ayude a entender cómo esa mentira echó raíces en tu vida.

ORACIÓN SUGERIDA

Querido Padre Celestial, revélame las mentiras que he creído y mientras lo haces ayúdame a entender cómo pueden haber echado raíces en mi vida y me han hecho creerlas. Perdóname por creerlas y ayúdame a verlas como las mentiras que son y lo que han traído a mi vida. Continúa guiándome hacia tu verdad y libertad mientras confío en ti a través de este viaje hacia mi identidad verdadera. En el nombre de Jesús ~ Amén

---

* Consulta la lista de "Mentiras en las que creemos" en la sección de recursos al final de *este libro.*

❖ ❖ ❖

Capítulo 6
El peso de las mentiras

Nunca seré elegida, amada o valorada.

¿Recuerdas el ejemplo del día de la decepción? Pues bien, imagina que cuando te levantas de la cama, te pones una maleta grande y vacía. Cada vez que te surja una mentira, imagina que esa mentira es un libro pesado y colócalo en tu maleta. Llega la primera mentira: "Soy gordo y feo y si perdiera dos kilos me gustaría más", guarda esa. Entra la siguiente: "Soy un esposo o esposa indeseable y un mal padre o mala madre" y la siguiente: "Si tuviera ese aspecto mi vida sería perfecta", la siguiente: "Tengo que trabajar duro para demostrar mi valor", la siguiente: "No puedo hacer nada bien". ¿La maleta te resulta pesada? Sigue añadiendo esas mentiras y arrástralas durante todo el día. Te empieza a doler la espalda y sientes las rodillas débiles. Te cuesta concentrarte, moverte por la oficina o conducir. Sin embargo, mantienes la maleta bien atada hasta que te metes en la cama. A veces incluso la llevas a la cama.

A mí me pesan tanto las mentiras que cuando estaba en la adolescencia escribí esto en mi diario:

"Toda mi vida he sentido que la gente me dice que me quiere, pero nunca me he sentido realmente querida.

Muchas veces he sentido que la gente era amable sólo por serlo. Como después de mi última cirugía, cuando alguien dijo que pensaba que yo tenía un aspecto muy diferente y más tarde mamá dijo que sólo lo había dicho para ser amable. Esas cosas realmente duelen. Estoy realmente cansada de todo este dolor y estoy cansada de mantener una fachada. Me gustaría que hubiera alguien que me escuchara y que realmente me entendiera. No quiero vivir un día más con el aspecto que tengo, no quiero volver a mirarme al espejo e intentar tapar un error horrible. Sé que podría ser peor, pero soy yo quien tiene que vivir con esta cara toda la vida. Tengo miedo de demasiadas cosas, de demasiada gente y de lo que realmente piensan. Me arrastro cada vez más dentro de mí. Así es más fácil y estoy más protegida. ¿Es esto una señal de que podría estar apuntando hacia algo más drástico? Realmente no lo sé. Veo el mundo con otros ojos debido al defecto con el que nací. No sé lo que es parecer "normal" y nunca lo sabré. Nunca me elegirán, ni me amarán, ni me valorarán.

"Necesito ayuda, pero no sé a dónde acudir, no sé a dónde ir. No sé hacia dónde correr. Tengo ganas de huir de todos mis problemas. Si terminara y alguien encontrara esto y lo leyera, espero que de alguna manera lo entienda y espero que Dios me perdone. Sé que se pensaría que esto es algo muy egoísta. Sé que no es fácil para los que dejo, pero de alguna manera deben entender mi dolor y mi deseo de liberarme por fin de las cadenas burlonas de la sociedad."

Mientras continuaba creyendo la mentira de que por haber nacido con un defecto de nacimiento estaba "dañada" y por lo tanto no era digna de amor y que todos estarían mejor sin mí, me llenaba de creencias y acciones impías que eventualmente me llevaron por un camino de fortalezas y ataduras (complacer a la gente, inseguridad, autocompasión, adicciones y depresión, por nombrar algunas). Entonces se convirtió en un círculo vicioso. Cuanto más creía y actuaba en las mentiras, más me atrapaba en fortalezas y ataduras. Cuanto más estaba atrapada en la esclavitud, más difícil era ver la verdad y liberarme. Estaba buscando mi valor en el mundo, tratando de vendar mis heridas y ser sanada de los sufrimientos a través de soluciones mundanas (aprobación, rendimiento, comida, tener cosas bonitas, menospreciar a los demás, etc.) ¡Llevaba esa pesada maleta todo el día, todos los días, durante AÑOS!

El Proceso de la Mentira *

Satanás quiere mantenernos agobiados con mentiras y creencias impías que nos llevarán a fortalezas y a la esclavitud, para finalmente destruirnos. Él es un maestro en la falsificación de cosas, haciéndolas parecer buenas por fuera (la carnada) cuando contienen la ruina por dentro (el anzuelo). Es muy sutil y no es una progresión aparente, pero una mentira puede convertirse en una situación destructiva. Abrimos la puerta, entramos y antes de darnos cuenta, estamos encerrados en una zona de fortaleza o esclavitud, preguntándonos: "¿Cómo he llegado hasta aquí?"

Romanos 1:25 nos dice que "cambiaron la verdad sobre Dios por la mentira".

En PRIMER lugar, TENEMOS una mentira. Una mentira

vendrá a través del mundo (medios de comunicación, personas, Satanás, etc.), o nuestros propios pensamientos y gradualmente se desarrollarán en creencias impías y patrones de comportamiento. Algunos dicen: "Eres lo que comes". Yo digo: "Eres lo que piensas/crees". Por eso es tan crucial "llevar todo pensamiento cautivo a Cristo".

En SEGUNDO lugar, nosotros RECIBIMOS la mentira. Podemos elegir recibirla o rechazarla. Si no la reconocemos como una mentira, es más probable que la recibamos y le demos a Satanás un punto de apoyo (Efesios 4:27, *"y no le den al diablo un punto de apoyo"*). Podemos escuchar una mentira en nuestra mente, como por ejemplo: "Eres realmente introvertido, no le gustas a nadie y nunca tendrás amigos", si elegimos recibirla, la aceptamos como verdad y la interiorizamos

En TERCER lugar, empezaremos a CREERLA. Creer en las mentiras nos llevará a pensamientos impíos y si continuamos recibiéndolas o internalizándolas, comenzaremos a creerlas como verdad.

En CUARTO lugar, comenzaremos a ACTUAR en base a la mentira. Si creemos una mentira, eventualmente actuaremos sobre ella. Esto nos conducirá a acciones impías que nos llevarán a emociones dolorosas como el miedo, la ira, la ansiedad, la falta de perdón, el daño a otros e incluso a problemas físicos.

FINALMENTE, terminaremos en la esclavitud de la mentira y el comportamiento que la mentira ha causado. Debido a que la mentira se ha convertido en "nuestra verdad", operamos desde una falsa realidad y un falso yo. No reconocemos la mentira, solo sabemos que estamos experimentando dolor y problemas, luchando con adicciones, sintiéndonos atrapados y no sabemos cómo salir.* *Ver la "Tabla de Progresión de Mentiras" en la sección de Recursos en la parte posterior de este libro.*

Boyd Bailey nos dice en *Wisdom Hunters* Devotional: "Las fortalezas son el intento de Satanás de estrangular la vida espiritual de los santos de Dios. El enemigo no afloja en sus ataques; de hecho, siempre está al acecho para pronunciar juicio y repartir vergüenza. Algunas de sus fortalezas estratégicas son el orgullo, la adicción y el egoísmo. Atrae a un corazón susceptible y a una mente errante con un pecado seductor. El diablo construye una fortaleza sin fe y lanza misiles de duda con falsas ideologías.

"¿Cómo se afianzan y crecen las fortalezas en nuestra vida? Irónicamente, una fortaleza puede convertirse en un baluarte. La sana confianza se convierte en arrogancia. El don de discernimiento se convierte en una actitud crítica. La disciplina de hacer ejercicio regularmente y comer bien se convierte en una obsesión que consume cada minuto de nuestro tiempo libre. El objetivo de salir adelante económicamente se convierte en avaricia y sentido de superioridad. Una fortaleza puede ser un baluarte, por lo que hay que estar siempre alerta.

"El Señor es bueno - Satanás es malo". "El Señor aclara - Satanás confunde". "El Señor ofrece libertad - Satanás alista la esclavitud". "El Señor da la gracia - Satanás derrama la culpa". "El Señor perdona - Satanás avergüenza". "El Señor crea satisfacción - Satanás quiere más". "El Señor ama a la gente - Satanás odia a la gente". "El Señor quiere lo mejor para ti - Satanás quiere lo peor para ti". "El Señor da - Satanás toma".

2 Pedro 2:19 nos dice: *"Porque todo lo que vence a una persona, a eso se esclaviza".*

Satanás trabaja de esta manera para atraer a las personas

a una adicción a las sustancias. Casi nunca comienza como una adicción, comienza con un trago, una prueba, una dosis, una píldora, una mirada y un paso a la vez te lleva a una dependencia total.

Satanás quiere que estemos tan agobiados por las mentiras, que estemos convencidos de que nadie nos entiende, de que nadie nos ama, de que no hay salida y de que no tenemos esperanza. Pero recuerda los verdaderos motivos de Satanás, él quiere que nos arrastremos por la vida mirándonos los dedos de los pies con preocupación y depresión, llevándonos a vivir con una "identidad equivocada", buscando soluciones en el mundo en lugar de en Dios.

Antes de continuar leyendo

1. ¿Qué mentiras tienes en tu " maleta "?

2. ¿Cuán distorsionada está tu forma de pensar? ¿Cuántas afirmaciones de "podría haber", "tendría", "debería" has dicho hoy? ¿Cuántos "si sólo" han formado parte de tu vocabulario interior hoy? ¿Alguna vez haces comentarios como "nunca me sale nada bien"; "todo lo que toco falla"; "siempre meto la pata"?

3. ¿Te pones la " maleta " cada mañana y la llevas a cuestas todo el día? Qué impacto está teniendo eso en ti mental, emocional, física y espiritualmente.

4. Define fortaleza y esclavitud con tus propias palabras.

5. Las mentiras están en la raíz de cada área de esclavitud o fortaleza. De las mentiras que Dios te ha revelado, ¿puedes ver cómo pueden haber conducido a un área de esclavitud o fortaleza?

6. Escribe una mentira que hayas creído y la forma que esa mentira se manifestó en cada paso del "proceso de la mentira" y a qué fortaleza o esclavitud puede haberte llevado.

ORACIÓN SUGERIDA

Querido Padre Celestial, por favor perdóname por las áreas de esclavitud a las que he sido sometido y las mentiras que me han llevado a comportamientos pecaminosos. Ayúdame a rendirme totalmente a ti y a confiar en ti para que me guíes fuera de los hábitos destructivos, para permanecer firme en ti, huir de la tentación y correr hacia la santidad. Y mientras doy estos pasos, tráeme fortaleza, sanación y plenitud en Ti. En el nombre de Jesús ~ Amén

Dias de Directora de Arte 1982-1985.

## Capítulo 7

Identidad equivocada

Me pregunto cual es mi verdadero Yo.

Me moría de ganas de decirle a mi padre que me habían ofrecido el puesto de Directora Artística de la Asociación Billy Graham Evangelistic. Por fin había conseguido algo que le haría sentirse orgulloso de mí. Mi objetivo en la vida era llegar a ser directora de arte como mi padre ¡y lo había conseguido a los veinticinco años! Si no podía ser guapa, podía tener talento y éxito en las cosas que a él le gustaban y conocía, quizá entonces me querría más.

Me creí esta mentira durante la mayor parte de mi adolescencia y los primeros años de mi vida adulta. Construí toda una vida y una identidad en torno a la mentira de que mi valor se basaba en mi rendimiento, ya que no podía encontrarse en mi aspecto físico. Creer esta mentira me condujo a fortalezas y ataduras.

La historia del Patito Feo es un caso clásico de identidad equivocada. Yo también tuve un error de identidad. Había estado mirando lo que había logrado, o lo que otros pensaban de mí y decían de mí, para encontrar mi identidad. Dejé que esas cosas me definieran. Buscaba en la gente y en el mundo la aceptación y yo, como el patito feo, no sabía quién era *realmente*.

Mi hija adolescente se creyó la mentira de que a nadie le gustan los introvertidos. Se sentía "invisible", ignorada e impopular. Sentía que tenía que convertirse en algo que no era -extrovertida y bulliciosa- para hacerse notar, ser aceptada y amada. Sin embargo, esta personalidad idealizada era tan diferente de la suya natural que sabía que sería imposible ponérsela. En cambio, creía que si se convertía en la mejor estudiante de su clase, podría conseguir que los demás se fijaran en ella y la admiraran. Empezó a esforzarse más en la escuela, a aceptar tareas extra y a ofrecerse como voluntaria para dirigir grupos y organizaciones. Sentía que tenía que ser más inteligente que los demás y se deprimía si sacaba menos de un sobresaliente. Construyó toda su identidad sobre mentiras. Ella también estaba encerrada en una identidad equivocada.

Identidad

Retrocedamos un poco y definamos "identidad" y "equivocada". *Dictionary.com* define identidad como: 1. El hecho de ser quien o lo que es una persona o cosa. 2. El estado o hecho de seguir siendo el mismo o los mismos, en diversos aspectos o condiciones. 3. La condición de ser uno mismo o sí mismo y no otro. 4. La personalidad distinta de un individuo considerada como una entidad permanente; individualidad.

Y las otras palabras de *Thesaurus.com* para identidad son: carácter, distintivo, existencia, identificación, integridad, nombre, unicidad, particularidad, personalidad, yo, individualidad, singularidad, autenticidad.

Equivocado es definido por *Dictionary.com* como: 1.

Concebido, sostenido o hecho erróneamente. 2. Erróneo; incorrecto; equivocado. 3. Haber cometido un error; estar en un error.

Estas definiciones nos muestran que nuestra identidad es única para nosotros y delinea quién y qué somos. Dios nos dice en el Salmo 139:13-14 que Él *"formó mis entrañas; me tejió en el vientre de mi madre, estoy hecho de manera admirable y maravillosa".* No hay nadie en el mundo exactamente como nosotros. Sin embargo, Satanás quiere que creamos que necesitamos ser como todos los demás para ser amados y aceptados, vivir de acuerdo con ciertas normas culturales y esperar que nuestra "identidad equivocada" sea nuestra Identidad Verdadera.

"¿Y tú qué haces?"

Cuando conocemos a alguien nuevo, después de intercambiar nombres, a menudo decimos; "¿Y tú a qué te dedicas?".Intenta describirte sin mencionar lo que haces. Es difícil, ¿verdad? A menudo respondemos diciendo qué tipo de trabajo tenemos, dónde vivimos, a qué colegio vamos, cuántos hijos tenemos, qué tipo de carro conducimos, qué actividades nos gustan o a qué iglesia vamos. Estamos diciendo a los demás lo que hacemos en lugar de lo que somos.

¿Te has fijado en la definición de identidad y en otras palabras similares para describirla? Todas hablan de la singularidad y la personalidad. No se menciona lo que uno hace como definición de identidad.   ¿Cuál es tu fuente de identidad? ¿Está en lo que haces? ¿Tu trabajo, tu papel como esposo/esposa, padre/madre, hijo/hija, estudiante, tus talentos o habilidades, tus logros? ¿O quizás está en lo que tienes? ¿Tú casa, tu carro, tu ropa, tus juguetes, tu educación y títulos? ¿Es por tu aspecto, o lo que los demás dicen de ti? A menudo obtenemos nuestra identidad de muchas de estas fuentes.

Puedo mirar hacia atrás en mi vida y ver todas las diferentes fuentes en las que busqué mi identidad. Cambiaba cada vez que entraba en una estación diferente de la vida y luego, a medida que crecía, muchas de las fuentes se superponían y comenzó con el hecho de ser hija, como sentía que tenía que ganarme el amor de mis padres, especialmente de mi padre, era obediente y complaciente. Luego me convertí en estudiante e intenté ser una estudiante perfecta, pensando que eso me traería aceptación y aprobación. También me esforcé por ser la mejor en cualquier deporte que practicara. Luego empecé a trabajar e intenté ser la empleada más dedicada, creativa y exitosa, además de tratar de estar a la última moda. Luego me casé y ahora iba a ser la mejor esposa de la historia, un modelo de amor, paciencia, apoyo y respeto para mi esposo. Luego me convertí en madre y me volqué en ser una madre ejemplar. Iba a tener hijos perfectos y todo el mundo tendría una buena opinión de mí. Luego me convertí en líder del ministerio, ahora estaba "trabajando para Dios", así que me esforzaría por hacerlo todo perfectamente y ganar la admiración de los demás y de Dios. Era fácil dejar que mi identidad se convirtiera en lo que hacía para Dios en lugar de lo que era en Dios.

Todos buscamos identidad, un sentido de importancia, amor y aceptación. Nacemos con este anhelo en nuestros corazones que sólo Dios puede llenar. (Eclesiastés 3:11... *También ha plantado la eternidad en los corazones y las mentes de los hombres [un sentido divinamente implantado de un propósito que trabaja a través de las edades y que nada bajo el sol, sino sólo Dios puede satisfacer* (AMP).

Espejos rotos

"Algunos de nosotros hemos vivido en una prisión emocional

porque hemos aceptado lo que un falso espejo "roto" nos decía de nosotros mismos". - Nancy Leigh DeMoss

Sarah experimentó esto. Dejó que el trato que los niños le daban en la escuela secundaria definiera quién era hasta sus cincuenta años. Sentía que porque no era popular ni querida, había algo malo en ella. Ella creyó eso sobre sí misma, dejó que la definiera, ¡y lo llevó a su vida adulta!

Gálatas 1:10 nos dice: *"Pues ¿busco ahora la aprobación de los hombres o la de Dios?"*

¿Es tu principal fuente de identidad lo que otros dicen de ti o lo que supones que piensan de ti? Yo buscaba constantemente la aprobación y la afirmación del "hombre". Siempre me preocupaba lo que los demás pensaban o decían de mí. Si decían que era "fea o estúpida o inútil", les creía. Incluso después de convertirme en cristiana, todavía me preocupaba más lo que los demás pensaban de mí que lo que Dios hacía. Me gustaba complacer a la gente. Yo también me miraba en un "espejo roto", encerrada en el reflejo de una identidad equivocada. *"El hombre mira la apariencia externa, pero el Señor mira el corazón"* (1 Samuel 16:7).

Al buscar la aprobación del hombre en lugar de la de Dios, tenía miedo de dejar que los demás vieran mi verdadero yo. Cada mañana me levantaba, me ponía el traje y la máscara y me escondía detrás de mi trabajo. Podía recibir elogios por un trabajo bien hecho y nadie tenía que saber lo que pasaba dentro de mí o por lo que había pasado. Podía soportar el rechazo relacionado con mi trabajo, pero no con mi persona. Como quería la aprobación del hombre, me convertí en una adicta al trabajo. Era una rata corriendo dentro de una rueda, girando pero sin llegar a ninguna parte, atrapada en un ciclo de identidad equivocada.

Este ciclo me llevó a ser temerosa, retraída y deprimida.

Retenía el afecto por miedo a ser rechazada y no confiaba en nadie. Tenía muros de un kilómetro de altura a mí alrededor. Pero esos muros de protección también impedían el acceso a lo que más anhelaba: el amor y la aceptación incondicionales.

La situación de nuestra vida es importante y dice algo sobre nosotros, nuestras capacidades, logros y pasiones. Pero cuando se convierte en la fuente de nuestra identidad, se basa en una fuente frágil, centrada en el hombre y con miedo al hombre. Cuando dejamos que el mundo defina quiénes somos, es como salir a una tormenta furiosa sin protección y esperar no mojarse.

Antes de continuar leyendo

1. Habla a alguien de ti sin decirle a qué te dedicas.

2. ¿Cómo define e influye nuestra cultura en cómo nos vemos a nosotros mismos?

3. ¿De qué cosas obtenemos nuestra identidad?

4. ¿De dónde sacas tu identidad? ¿Has buscado tu identidad en fuentes equivocadas? ¿Puedes identificar cuáles han sido algunas de esas fuentes equivocadas?

5. ¿De qué manera el creer en mentiras, el querer o complacer a otros, ser aceptado por otros o tener la aprobación de otros nos hace buscar nuestra identidad de fuentes equivocadas y nos lleva a una identidad equivocada?

6. ¿Estás atrapado en el ciclo de una identidad equivocada?

ORACIÓN SUGERIDA

Querido Padre Celestial, gracias porque antes de ser formada en el vientre materno, Tú me tenías en mente y me creaste tal como soy. Ayúdame a deleitarme y a aceptar mi singularidad y a darme cuenta de la maravillosa verdad de que no soy como nadie que hayas hecho. Ayúdame a entender las formas en que he estado viviendo con una identidad equivocada y a empezar a ver mi reflejo desde TU espejo, la fuente correcta de mi verdadera identidad. En el nombre de Jesús. ~ Amén

Alrededor de los 37 años.

Capítulo 8
Rompiendo las cadenas

Deseo tanto liberarme de la esclavitud
de la depresión.

Cuando me puse de pie para compartir mi historia, temblaba como una hoja, las rodillas me fallaban, las palmas de las manos me sudaban y no estaba segura de poder hablar sin quedarme helada. De verdad, de verdad, *de verdad* que no quería contarlo. Mi voz era un poco chillona, pero a las pocas frases, Dios me llenó de su paz. Compartí mi historia con cautela y esperé a que llegara la oleada de rechazo. Pero cuando miré al grupo de mujeres se quedaron sin palabras, se pasaban los Kleenex y aplaudían. Yo estaba aturdida. *Las cadenas de creer una mentira durante más de veintinueve años se habían roto y sentí que una gran parte de mi alma estaba curada.* Me quité un enorme peso de encima, me sentí LIBRE y luego empecé a llorar.

Camino a la libertad

El camino para compartir mi historia fue largo y arduo. A los treinta y cinco años todavía estaba convencida de que siempre se me consideraría fea, indigna de ser amada, descompuesta, deprimida y sin valor. Me decía a mí misma que debía ser fuerte y no tener tanto miedo al rechazo. El miedo se había apoderado de mí toda mi vida y estaba cansada de la batalla y esto fue después de haber recibido a Cristo. No me liberé instantáneamente de mis problemas o de las ataduras en las que había estado durante años.

Sabía que el camino hacia la libertad era un viaje. Pero estaba profundamente desanimada por el hecho de que, incluso después de haber sido cristiana durante tantos años, seguía luchando contra las dudas, el miedo y la depresión. Me sentía como un fracaso espiritual. ¿Qué estaba haciendo mal? ¿Por qué no podía sentirme libre y alegre? Sabía que Dios podía liberarme, pero no lo hacía. Todavía cargaba con esa pesada maleta llena de mentiras que me paralizaban. ¿Cómo podía quitármela de encima? ¿Cómo podía cambiar las mentiras y la identidad equivocada por la libertad completa de mi Identidad Verdadera en Cristo?

Mi esposo y mi hija mayor fueron voluntarios con el servicio forestal en el sur de California por algunos años y parte de su trabajo era patrullar los senderos. Yo los veía cargar sus maletas con todo tipo de equipo novedoso y comentaba: "Eso parece pesado, ¿cómo te lo pones y te lo quitas?". Mi esposo me dijo que era mejor hacerlo de rodillas, no de pie. Eso tenía sentido.

Reconocí que el primer paso para quitarse la maleta llena de mentiras es arrodillarse en rendición ante el Señor. ¿Me había rendido realmente en todas las áreas de mi vida? ¿Estaba siendo orgullosa, temerosa y dudosa? ¿Será por eso que todavía llevaba esta pesada carga de mentiras? Cuando miré hacia atrás empecé a ver las áreas en las que no me había rendido y que todavía no lo hacía, completamente a Dios.

"¡De ninguna manera, Señor!"

Cuando tenía veinte años, sentada junto a un río cerca de mi universidad, Dios me dijo que algún día iba a utilizar mi historia. Pensé: "Bueno, eso es bonito, pero nunca voy a estar preparada". Todavía no conversaba mucho y la idea de pararme frente a un grupo de personas y exponerles mi vida me aterraba. La mentira que me dijo Satanás fue: *"Si cuentas tu historia, experimentarás el máximo rechazo como nunca antes lo has hecho"*. Estuve encerrada en esa mentira durante veintinueve años y creyendo esa mentira, me resistí al deseo de Dios de que compartiera mi historia.

Dios, siendo el maravilloso y amoroso Padre que es, me guió con pasos de bebé. Con frecuencia me pedían que formara parte de un panel o que hablara de temas generales, cosas de las que me sentía cómoda hablando y que no revelaban mi verdadero yo, no tenía que quitarme la máscara del todo. Sin embargo, cada vez que hablaba alguien se acercaba a mí después de mi charla y me decía que pensaba que tenía un don para hablar en público. Se lo agradecía y lo ignoraba. *"No va a funcionar, Dios. No lo cuento"*.

Esto continuó durante bastantes años. Entonces, un día, una amiga me dio un folleto sobre un seminario de oradores cristianos y me dijo que creía que debía ir. Le dije que rezaría por ello y que si Dios me proporcionaba los fondos para ir, lo haría. Unas semanas después, una amiga que me oyó mencionarlo me envió un cheque con una nota que decía: "¡Me alegro de que Dios te llame a contar tu historia y no la mía!". Bueno, ahora tenía que ir.

El seminario duró tres días que cambiaron mi vida. No sólo obtuve herramientas invaluables para hablar, sino que se me aseguró que Dios podía hacer que cualquier tipo de personalidad fuera un buen orador, incluso una introvertida como la mía, ya estaba convencida de que debía contar mi historia. Hice un acuerdo con Dios de que si Él abría la puerta para que yo hablara, la atravesaría.

Dios me abrió muchas puertas para que hablara y como había prometido, las atravesé, pero sabía que me estaba resistiendo a Él, pues aún tenía miedo y no confiaba completamente en Él. Seguí creyendo la mentira del rechazo final y sólo compartí ciertas partes de mi historia.

Entonces, unos trece años después de asistir al seminario de oradores, me pidieron que sirviera como directora del ministerio de mujeres en mi iglesia en el sur de California. Cuando comencé a orar sobre lo que deberíamos hacer para un próximo retiro de mujeres, Dios habló muy claramente a mi espíritu: *"Quiero que compartas tu historia. Estás lista".* Entré en pánico y pensé: *"De ninguna manera, Señor".* Él me dijo que se me habían acabado las excusas.

Sabía que tenía que dejar de huir y por fin me rendí y le pedí que me ayudara a contar mi historia de forma creativa y a superar el miedo que me paralizaba. Él me dio el mensaje de la Identidad Verdadera, una forma innovadora de compartirlo y la seguridad de que no experimentaría el rechazo sino la aceptación.

Eso fue exactamente lo que ocurrió cuando compartí plenamente mi historia por primera vez en el retiro. Dios me dio lo que necesitaba para romper la mentira y el miedo que me habían embargado durante tantos años.

Otra cosa asombrosa sucedió después de que compartí mi historia ese día. Las mujeres empezaron a compartir sus historias entre ellas. Mujeres que se conocían desde hacía más de diez años compartieron cosas que nunca antes habían compartido. Contar mi historia había roto el poder de la mentira del rechazo en la vida de otras mujeres.

Al final del retiro, las mujeres me dijeron: "Jennifer, cuando te vimos sentada en la primera fila como esposa del pastor y directora del ministerio de mujeres, pensamos que estabas bien educada y que lo tenías todo controlado. No estábamos seguras de cómo relacionarnos contigo, pero después de compartir tu historia con nosotras hoy nos damos cuenta de que eres igual a nosotras. Has sufrido igual que nosotras y has experimentado cosas difíciles igual que nosotras, nos has dado permiso para quitarnos las máscaras y ser auténticas unas con otras, Gracias".

La sanación suele llegar después de compartir. Ese día se produjo una gran sanación.

El miedo tratará de impedir que te entregues por completo, pero el Señor nos dice que *"el amor perfecto echa fuera todo temor"* (1 Juan 4:18). Cada vez que me enfrento al miedo, me digo a mí misma este verso, esta VERDAD y permito que Dios me ayude a superar el miedo, a quitar una capa más de mentiras y a traer una sanación más profunda.

Llegar a la raíz

Todas las áreas de fortaleza y esclavitud se originan en algún tipo de mentira. Para liberarnos de estas prisiones, primero necesitamos reconocer la raíz de la mentira.

Jeremías 17:9-10 nos dice que *"el corazón es engañoso"* y le pide al Señor que *"escudriñe el corazón y pruebe la mente"*. 2 Corintios 3:16-17 afirma: *"Pero cuando uno se vuelve al Señor, el velo se quita. Ahora bien, el Señor es el Espíritu y donde está el espíritu del Señor hay libertad"*.

Para reconocer una mentira, primero debemos conocer la verdad de Dios. ¿Cómo identificamos las cosas falsas? ¿Acaso los banqueros estudian cientos de ejemplos de dinero falso para reconocerlo? No, ellos estudian el dinero real y lo estudian tan bien que cuando llega a su oficina un billete que no es real, dicen: "¡Un momento! Algo no está bien con este". Es lo mismo para distinguir las mentiras.

Pide a Dios que te examine, que "quite el velo" y te revele las mentiras que has creído. Comienza a evaluar lo que sucede a tu alrededor y en ti. Pregunta cuando escuches algo: "¿Cuál es el verdadero mensaje aquí? ¿Es realmente cierto? ¿Estoy siendo engañado de manera contraria a la verdad de Dios?"

Joan había pasado años trabajando para ascender en la escala corporativa, persiguiendo el "sueño americano". Tenía un esposo devoto, dos hijos, un perro, un gran salario, una casa grande, un auto de lujo y era muy querida. Había llegado a la cima. Pero este "sueño" tenía un precio que pagar. Tenía que seguir trabajando para mantener el sueño y tener siempre lo mejor. Viajaba constantemente, lo que suponía una carga para su matrimonio y su familia. Ellos anhelaban tener tiempo con ella, pero cuando estaba en casa no estaba realmente presente. Su mente estaba siempre en cuestiones relacionadas con el trabajo.

El sueño se rompió un viernes por la noche cuando volvió de un viaje y su esposo le dijo que no podía seguir así. Tuvo que elegir entre su carrera y su familia.

La identidad de Joan giraba en torno a su trabajo y a las "cosas" que lo acompañaban. Le encantaban el reconocimiento y las compensaciones, la casa grande, la ropa bonita y el coche de lujo. Pero mientras perseguía "el sueño", estaba perdiendo lo que más quería: su familia. Empezó a reconocer la mentira y la trampa de este sueño.

Dios cambió radicalmente la vida de Joan. Llegó a una relación salvadora con Cristo, dejó su trabajo y comenzó a restaurar sus relaciones familiares. Cuando llegó a conocer la verdad de quién era realmente en la Palabra de Dios, el mundo perdió su atractivo. Ahora ayuda a otros a acercarse a Dios y a encontrar su plenitud e identidad en una relación con Cristo, no en su trabajo o en su cuenta bancaria.

Otra herramienta útil para identificar una mentira es darse cuenta de lo que hace estallar tus emociones. ¿Qué es lo que te hace sentir miedo, ira, dolor, depresión?

Cindy vino a verme llorando, molesta porque alguien le había dicho algo y luego la había ignorado durante un tiempo de discusión en la mesa. Mientras hablaba, me di cuenta de que la otra mujer había provocado una herida en ella. La mujer no la había ignorado, pero como había utilizado una palabra concreta que guardaba un punto de dolor en Cindy, la había herido.

Animé a Cindy diciéndole que la mujer no intentaba herirla, sino que ella era sensible debido a algo que le había sucedido en su vida. Fue capaz de averiguar que el daño se debía a la mentira de que su opinión no importaba, escrita en su corazón hace años por su padre.

Más tarde me dijo que ese fue un punto de cambio para empezar a mirar más de cerca lo que hace que sus emociones se disparen y rastrearlo hasta una mentira original, en lugar de quedarse en la mentira. Pudo dejar de lado el dolor, disfrutar del resto del fin de semana con su grupo de mesa y sentirse incluida en las discusiones.

El barómetro de la mentira

"Ahora, pues, no hay condenación para los que están en Cristo Jesús" (Romanos 8:1).

Llamo a este versículo, Romanos 8:1, el "Barómetro de la Mentira".

Veamos la diferencia entre condenación y convicción:

Condena es una fuerte censura, reprimenda y desaprobación, que produce vergüenza, culpa y acusación. Convicción significa estar condenado o ser condenado, creencia firme.

La convicción dice: "Hice algo malo".

La condena dice: "Hay algo malo en mí".

La convicción trae la culpa propia del pecado y la condenación trae vergüenza.

Este verso dice que no hay condenación para los que están en Cristo Jesús. En nuestro pecado sí merecemos ser castigados, pero Cristo pagó la pena por nuestros pecados en la cruz. Él asumió toda nuestra condenación. Por lo tanto, si estás confiando en Cristo, pero te sientes condenada, sabes que no es de Dios. Satanás, el padre de las mentiras, condena y quiere que creas que la mentira y el pecado al que te lleva es tu identidad.

El Espíritu Santo convence, Él señalará firme y gentilmente las áreas en nuestras vidas que necesitan corrección y cambio. Siempre es para nuestro bien, para hacernos más parecidos a Cristo, para el bien de otros que puedan estar involucrados y finalmente para glorificarse a sí mismo.

Cuando entiendas la diferencia entre ambas, la próxima vez que escuches algo que te haga sentir culpable, reconocerás que es una mentira, incluso si es otra persona la que te lo dice. Satanás a menudo usa a otros para traer mentiras a nuestras vidas.

Cuando mi madre enfermó de leucemia, estaba convencida de que Dios la estaba castigando porque era "una persona muy mala". Ella había vivido bajo la condenación de su madre durante muchos años, diciéndole que cuando las cosas malas le suceden a la gente es porque son malas o han hecho algo malo. Estaba segura de que las críticas de su madre eran ciertas y que merecía ser castigada.

Le leí las escrituras para reforzar la verdad de que, gracias a lo que Cristo hizo por ella en la cruz, era perdonada, libre y justa a sus ojos, una hija preciosa del Rey. Finalmente abrazó la verdad de quién y de quién era y encontró la paz en medio de una época muy aterradora e incierta.

He escuchado muchas historias de mujeres que han sufrido horribles abusos. Me cuentan que vivían bajo la condena del maltratador y que creían que si alguna vez lo contaban lo pagarían muy caro. Les decían que el maltrato era culpa suya, que eran una basura sin valor, que se lo merecían y que nadie las querría nunca. Al cabo de un tiempo se lo creyeron y se vieron a sí mismas de esta manera, convencidas de que así eran. Cuando empezaron a reconocer que estas palabras condenatorias eran mentiras, comenzaron a avanzar hacia la verdad y la libertad como hijas amadas de Dios.

Renuncia a la mentira

"Porque la gracia de Dios se ha manifestado, trayendo la

salvación para todos los hombres, enseñándonos a renunciar a lo impuro y a las pasiones mundanas y a vivir con dominio propio, rectitud y piedad en el tiempo presente" (Tito 2: 11-12).

Una vez que se reconoce la mentira, hay que renunciar a ella. Decir la mentira ayuda a romper su dominio. Por ejemplo, a veces mientras conduzco, o en otros lugares a solas, cuando una mentira viene a mis pensamientos, he dicho en voz alta: "¡Eso es una MENTIRA!" "Renuncio a la mentira de que soy rechazada, no amada o despreciada, en Cristo *soy aceptada*". "Renuncio a la mentira de que no valgo nada, soy insuficiente, inferior o no tengo esperanza, en Cristo *soy importante*". Cuando digo la mentira en voz alta y renuncio a ella, puedo dejarla ir y abrazar la verdad de Dios.

Mi padre tenía ochenta y seis años y estaba cerca del final de su vida. Buscaba desesperadamente la verdad y la comprensión de la vida, el cielo y Dios. Leía libros, escuchaba cintas, leía la Biblia, pero le costaba mucho superar el sentimiento de que Dios estaba distante y no se preocupaba por él personalmente. Una noche, después de que le diagnosticaran un cáncer de pulmón terminal, me dijo: "Me gustaría poder hablar con Dios y escucharlo como tú y tus hermanos". Le dije que podía hacerlo. Me contestó: "No, Dios sólo habla con los sacerdotes y los "religiosos" como ustedes". Le dije que eso era una MENTIRA, que Satanás no quería que creyera que podía tener un camino cercano con Dios, pero que Dios anhelaba una relación personal con él. Todos esos años de mentiras de que Dios era distante e indiferente fueron finalmente rechazados y destruidos. Aquella noche le guíe a través de una oración de salvación. Falleció apenas dos semanas después. ¡Sé que ha tenido muchas conversaciones muy especiales e íntimas con Dios y lo hará por la eternidad!

Ir en la otra dirección

Neil Anderson, quien ha escrito muchos libros excelentes sobre la libertad en Cristo dice: "Aunque Satanás está derrotado, todavía gobierna este mundo a través de una jerarquía de demonios que tientan, acusan y engañan a aquellos que no se ponen la armadura de Dios, se mantienen firmes en su fe y llevan todo pensamiento cautivo a la obediencia de Cristo. Nuestro santuario es nuestra identidad y posición en Cristo y tenemos toda la protección que necesitamos para vivir vidas victoriosas; PERO si no asumimos nuestra responsabilidad y cedemos terreno a Satanás, sufriremos las consecuencias de nuestras actitudes y acciones pecaminosas. La buena noticia es que podemos arrepentirnos y reclamar todo lo que tenemos en Cristo".

Una vez que RECONOZCAMOS la mentira y RENUNCIEMOS a la mentira, debemos ARREPENTIRNOS de la mentira y de las actitudes y acciones pecaminosas a las que nos llevó. Arrepentirse no significa sólo decir "lo siento". Arrepentirse significa dar la vuelta e ir en la otra dirección. Debemos hacer un cambio para mejorar como resultado del remordimiento o contrición por nuestros pecados. *"Arrepiéntanse, pues y vuélvanse, para que sus pecados sean borrados, a fin de que vengan tiempos de descanso en la presencia del Señor"* (Hechos 3:19).

Antes de continuar leyendo

1. ¿Te cuesta dejar la maleta al pie de la cruz? ¿Qué te impide arrodillarte en señal de rendición para quitar la maleta?

2. ¿Entiendes la diferencia entre convicción y condena? ¿Te sientes condenado en alguna área de tu vida? ¿Puedes empezar a reconocer la mentira que está trayendo la condenación?

3. ¿Qué es lo que desencadena tus emociones? (Miedo, ansiedad, dolor, culpa, vergüenza, rabia, depresión, etc.) ¿Cuáles son tus puntos de " detonación "? Pide a Dios que te revele las mentiras de raíz, que están en el centro de estas emociones.

4. Pide a Dios que te perdone los patrones de pensamiento y el comportamiento pecaminoso a los que las mentiras pueden haberte llevado y que te dé la fuerza para dejar de creer y ceder a las mentiras.

5. Si Dios continúa revelando las mentiras, repite los pasos de Reconocer la Mentira, Renunciar a la Mentira y Arrepentirse de las acciones pecaminosas a las que la Mentira haya conducido. Renuévate y sigue adelante en Cristo.

ORACIÓN SUGERIDA

Querido Padre Celestial, por favor ayúdame a entregarte todas las áreas de mi vida. Ayúdame a comenzar a reconocer las mentiras que he creído y a renunciar a ellas y a arrepentirme del comportamiento que me ha llevado a creerlas. Ayúdame también a reconocer la diferencia entre tu convicción y la condena de Satanás en mi vida. Señor, escudriña en mí y muéstrame mis puntos de activación y lo que desencadena mis emociones para que pueda empezar a ser consciente de las mentiras centrales que desencadenan mis emociones y creencias impías. Continúa el proceso de liberarme de las fortalezas y ataduras. Mueve mi "conocimiento" a "creer" Tu Verdad. En el nombre de Jesús~ Amén

Con mis guapos hermanos y mi abuelo.

Capítulo 9
Arrojando la maleta

¡Si satanás llama a tu puerta,
Pídele a Jesús que le responda!

Imagínate con esa pesada maleta puesta, de rodillas, rendido al pie de la cruz, desabrochando la correa alrededor de tu cintura y quitándotela, desabrocha la cremallera y comienza a desempacar cada libro y ponlo al pie de la cruz. A medida que retiras cada libro, contrarresta la mentira que hay en el libro con la verdad de Dios.

Cuando leí el libro de Neil Anderson *Victory Over the Darkness* (Victoria sobre la oscuridad), comprendí por primera vez este concepto. Él explica que necesitamos tener un *Encuentro con la Verdad*. Necesitamos contrarrestar y reemplazar cada mentira con la VERDAD de Dios. Verás, yo había estado tratando de "convencerme" de no sentirme mal, me decía: "Eso es una mentira" y lo dejaba así. Pero después de leer el libro, finalmente entendí lo que significaba el versículo *"llevad cautivo todo pensamiento para obedecer a Cristo"* (2 Corintios 10:5) y *"conoceréis la VERDAD y la VERDAD os hará libres"* (Juan 8:32). Cuando una mentira venía a mis pensamientos o a mi vista, necesitaba llevar esa mentira a Cristo - "Cuando Satanás venga a tocar, pídele a Jesús que le responda" - "toma todo pensamiento cautivo" y contrarresta cada mentira con la verdad de Dios - Su Palabra. Fue la VERDAD de Dios la que me liberó, no yo tratando de encontrar mi camino a través de ella, dándome otra charla de ánimo o diciéndome a mí misma que no debería sentirme así. Dios nos ha dado la verdad en Su Palabra para contrarrestar TODA mentira, pero necesitamos aplicarla, no sólo leerla o memorizarla. Dios nos ha dado Su verdad desde el principio del tiempo, conociendo a nuestro adversario, Satanás, mejor que ningún otro y lo que necesitamos para ganar las batallas con él.

Esto es algo de lo que había en mi maleta y una verdad para contrarrestar cada mentira:

NO PUEDO CONFIAR EN NADIE – Mateo 6:25, 33 - Dios es fiel; Él cuidará de mí. *"Buscad primero el reino de Dios y su justicia, y todas estas cosas os serán añadidas".*

DIOS NO ME AMA – 1 Juan 3:1 - Dios me ama mucho.

NO MEREZCO NADA – Deuteronomio 14:2 - *Soy el tesoro de Dios.*

LA BELLEZA FÍSICA ES MÁS IMPORTANTE QUE LA BELLEZA INTERIOR – 1 Samuel 16:7 - *"El hombre mira la apariencia exterior, pero el Señor mira el corazón".*

SERÍA FELIZ SI _____ . Filipenses 4:11- *Mi alegría viene de conocer a Dios.*

SOY INFERIOR, NO SOY NADIE – Juan 1:12 - *Soy un hijo del Rey.*

NO PUEDO HACER NADA SIN AYUDA – Filipenses 4:13 - *"Todo lo puedo en Cristo que me fortalece".*

ES IMPOSIBLE – Lucas 1:37 - *"Nada es imposible para Dios".**

Deja esos libros (mentiras) al pie de la cruz y deja que Jesús se ocupe de ellos. Recuerda que no es un encuentro de poder con Satanás lo que nos liberará de la esclavitud, sino un encuentro de la *verdad*, a través del poder del Espíritu Santo dentro de nosotros.

Neil Anderson dice: "Dios ha cambiado nuestra naturaleza, pero nuestra responsabilidad es cambiar nuestro comportamiento". A medida que aprendemos más sobre la verdad de quiénes dice DIOS que somos (sus hijos amados) y sabemos cómo nos ve ÉL, nuestra IDENTIDAD VERDADERA, somos capaces de cambiar nuestro pensamiento y comportamiento.

No debemos creer a los espíritus malignos, ni debemos dialogar con ellos. En cambio, debemos ignorarlos y elegir la verdad. Estás equipado con la armadura de Dios; no pueden tocarte a menos que bajes la guardia. Por cada flecha de tentación, acusación o engaño que te disparen, simplemente levanta el escudo de la fe, desvía el ataque y sigue adelante. Lleva todo pensamiento cautivo a la obediencia de Cristo.

Escribí las palabras "La verdad de Dios" en un borrador y lo tengo en mi escritorio como un recordatorio de que la verdad de Dios borra cada mentira que ha sido escrita en mi corazón.

---

* Consulte "Mentiras que creemos con la verdad bíblica para contrarrestarlas" en la sección de recursos en la parte posterior de este libro.

Reprogramar el ordenador

Si cambias tu mente (pensamiento) cambiará tu corazón.

Nuestro pensamiento impacta nuestro bienestar físico y espiritual, nuestras almas. A medida que aprendas más de la Palabra de Dios, verás cuán a menudo Él habla de renovar nuestras mentes y cuán importante es pensar en estas cosas: todo lo que es verdadero, honorable, justo, puro, amable, admirable, excelente, lo que es digno de alabanza. (Filipenses 4:8) "A medida que saturamos nuestras mentes con la verdad de Dios, esto cambiará nuestros corazones, actitudes y comportamiento. Nos transformará. Nos hará libres".

Romanos 12:2 - *"No os conforméis a este mundo, sino transformaos por medio de la renovación de vuestra mente, para que por medio de la prueba podáis discernir cuál es la voluntad de Dios, lo que es bueno, aceptable y perfecto."*

Efesios 4:23 - *"Ser renovados en la actitud de vuestras mentes" (NVI).*

Colosenses 3:2 - *"Poned la mirada en las cosas de arriba, no en las de la tierra"* (NVI).

El miedo contra la fe

Otro paso importante para ser liberados en nuestra Identidad Verdadera es reemplazar el pensamiento basado en el miedo, por el pensamiento basado en la fe. El pensamiento basado en el miedo no sólo te afecta física, emocional y espiritualmente, sino que también te mantendrá en fortalezas y ataduras. El Salmo 56:3 nos recuerda: *"Cuando tengo miedo, pongo mi confianza en ti".* El Salmo 112:7 dice: *"No tiene miedo de las noticias; su corazón está firme, confiado en el Señor",* y 2 Timoteo 1:7 *"Porque no nos ha dado Dios un espíritu de temor, sino de poder, de amor y de sano juicio".*

Hace poco experimenté el aprendizaje de sustituir el pensamiento basado en el miedo por el pensamiento basado en la fe de una manera muy tangible. Había vivido con un miedo atroz a padecer cáncer desde que vi morir a mi madre de una muerte lenta y dolorosa por leucemia cuando yo tenía veinticinco años. Ella sólo tenía cincuenta y dos años y yo tenía ahora cincuenta y cuatro. Ya había tenido un susto de cáncer de ovarios seis años antes, en el que no manejé bien la posibilidad de tener cáncer. Me operaron y todo salió bien, pero toda la experiencia me perturbó mucho. Estaba convencida de que tener cáncer no era un "si" sino un "¿cuándo y de qué tipo?". Tarde o temprano saldría mi número.

El día antes de salir para Kenia en un viaje misionero, me hicieron una mamografía y una ecografía de seguimiento de un bulto en el pecho que me había palpado. La radióloga me dijo: "No es un quiste. No le voy a mentir, estoy muy preocupada". La miré y me sentí imperturbable y completamente tranquila. Me preguntó si podía posponer mi viaje y hacerme una biopsia al día siguiente. Le dije: "No, tengo que estar en el avión a Kenia. Volveré en tres semanas. ¿Podemos hacerlo entonces?". Aceptó con dudas, siempre y cuando le prometiera concertar la cita para la biopsia antes de salir de la consulta.

Mientras estaba sentada en la oficina de la enfermera esperando a que fijara la cita para la biopsia, dije: "Señor, esta debe ser esa paz 'que sobrepasa todo entendimiento' (Filipenses 4:7) porque no siento miedo". ¡Gracias por llenarme de tu paz! Por favor, mantenme en este lugar. Ayúdame a tener fe y a confiar en ti en esto". Yo sabía de esta paz pero nunca la había experimentado de esta manera.

La enfermera me aseguró que esperar tres semanas para la biopsia no era un problema. Me animó a seguir el viaje y a no dejar que esto ocupara mis pensamientos o preocupaciones. Le dije que sabía que Dios estaba conmigo y que iba a estar bien pasara lo que pasara. Me abrazó y me dijo que rezaría por mí..

Me fui a Kenia y aprecié cada momento y experiencia. Una mañana, sentada con vistas a la llanura del Serengueti desde nuestro campamento de safari, pensé: "Gracias, Señor, por permitirme vivir esta experiencia. Si nunca vuelvo a Kenia ni veo a ninguna de estas personas o lugares de nuevo, gracias por este regalo. Gracias por el regalo de la vida y el regalo de TI. Gracias por tu paz continúa. Gracias porque no tengo miedo". No le conté a nadie de mi equipo de misión sobre la posibilidad del cáncer, no quería que eso restara importancia a lo que Dios tenía para este viaje y para todos nosotros. Ni siquiera se lo dije a mi hija mayor que viajaba conmigo. Dios me mantuvo en su perfecta paz durante todo el viaje (incluyendo una semana en Holanda de camino a casa para visitar a la familia de mi esposo) y tuve las más increíbles experiencias que cambiaron mi vida.

Dos días después de mi regreso me hicieron la biopsia de mama. Tres días después recibí una llamada de la radióloga preguntando: "¿Tienes un momento para hablar?". (Nunca es buena señal que el radiólogo llame y quiera "hablar"). Me dijo que había buenas y malas noticias. La mala noticia era que se trataba de un cáncer; la buena, que lo habíamos detectado a tiempo y que creía que me iba a poner bien. A continuación, me dio instrucciones para los siguientes pasos y el número de teléfono de un cirujano de mama. Colgué el teléfono y me quedé sentada en silencio. Sorprendida, pero sin miedo ni preocupación y extrañada de no haber enloquecido, llamé a mi esposo y le conté la noticia.

Me preguntó si necesitaba que viniera a casa y le dije: "No, estoy bien. Podemos hablar más tarde". Ese mismo día se lo contamos a nuestras hijas. Ellas dijeron: "Mamá, no pareces preocupada, así que no estamos preocupadas". Hice algunas bromas sobre lo que haría si perdiera el pelo y nos aseguramos mutuamente que todos confiaríamos en el Señor para salir adelante. Estaba eligiendo la fe y sorprendentemente, seguía en paz.

De la noche a la mañana entré en el "Club de la Cinta Rosa" y me embarqué en una intensa montaña rusa durante los siguientes cinco meses de pruebas y tratamiento. Hubo muchos momentos muy oscuros y sombríos en los que no quería enfrentarme a otro día, pero Dios estaba en el centro de la tormenta y me aseguró que iba a estar bien. Me rodeó de un increíble amor, oración, apoyo y ayuda y me dio todo lo que necesitaba para seguir adelante. Especialmente todos esos días que me arrastré al tratamiento de radiación y los días que fui al gimnasio para una sesión con mi entrenador. Mis médicos habían dicho que el ejercicio era una de las mejores cosas que podía hacer para aumentar mi energía y resistencia durante el tratamiento de radiación, pero nunca especificaron la cantidad de ejercicio. Pensé que el simple hecho de ir al gimnasio y volver era un gran logro.

Dios me recordó que había estado rezando para ser liberada del miedo al cáncer y que la única manera de experimentar y conocer esa libertad era pasar por ella en la verdad y la seguridad de Dios, ver cómo me daba su profunda paz en medio de ella, ver cómo la fe ganaba al miedo. Me di cuenta de que yo no era mi madre y que no necesariamente experimentaría lo que ella experimentó, que no importaba lo que me sucediera, Dios iba a llevarme a través de ello. Incluso si la muerte era el resultado final, estaría con Él en el cielo. Él me había preparado para este viaje a través de muchos años de ser un paciente y sentí que Él iba a utilizarme como su embajadora en la comunidad médica. Y así fue. Me dio numerosas oportunidades para compartir mi fe y la gente a menudo comentaba lo tranquila que parecía estar. Una mujer me dijo: "Pensé que, o bien eras una actriz muy buena o bien Dios te ha dado realmente su profunda paz". Le aseguré que era lo segundo.

Mirando hacia atrás, unos pocos meses después de esto, estaba creciendo aún más en mi la comprensión de lo que Pablo quiso decir en 1 Juan 4:18 que *"el amor perfecto echa fuera el miedo"*. Así como lo que significa "llevar todo pensamiento cautivo a Cristo", como mencioné anteriormente. Experimentar el amor perfecto de Dios, la verdad, las promesas, las garantías y la paz me liberó del miedo al cáncer, al igual que me había liberado del miedo al rechazo unos años antes.

¡Sigue mirando a Jesús! Permanece en Su Palabra y continúa llenando tu mente (reprogramando tu computadora) con Su verdad. Se dice que se necesitan treinta días para establecer un patrón o un nuevo hábito. Puede tomar más tiempo deshacer un mal hábito o patrón, pero pasa treinta días diciéndote a ti mismo la verdad y puedes empezar a creerla y establecer nuevos patrones.

Síndrome de Estocolmo

A Cathy le costaba dejar su maleta al pie de la cruz. Escuché a alguien explicar esto de una manera muy conmovedora en uno de nuestros retiros.   Nos habló del "Síndrome de Estocolmo", un fenómeno psicológico en el que los rehenes expresan adulación y tienen sentimientos positivos hacia sus captores. Estos sentimientos suelen considerarse irracionales a la luz del peligro o el riesgo soportado por las víctimas, que esencialmente confunden la falta de abuso de sus captores con un acto de bondad. El síndrome de Estocolmo debe su nombre al atraco a un banco de Estocolmo en Norrmalmstorg, en el que los atracadores mantuvieron como rehenes a los empleados del banco del 23 al

28 de agosto de 1973. Las víctimas se apegaron emocionalmente a sus captores e incluso los defendieron después de ser liberados de su calvario de seis días. El término "síndrome de Estocolmo" fue acuñado por el criminólogo y psiquiatra Nils Bejerot, que asistió a la policía durante el atraco.

Continuamos poniéndonos la maleta y saliendo de excursión con Satanás (el captor). Una mujer me contó que hizo esto durante años. Se sintió cómoda con su adicción al alcohol. Sabía cómo "emborracharse" y le aterraba intentar vivir sobria. A pesar de que estaba poniendo en riesgo a sus hijos pequeños y estaba sometida a esta terrible esclavitud, no quería quitarse la maleta y dejarla al pie de la cruz. No fue hasta que obtuvo ayuda para desintoxicarse y aprendió nuevas formas de afrontar sus miedos y su adicción a través de Cristo, contrarrestando las mentiras en las que estaba atrapada con la verdad de Dios, que finalmente fue liberada.

Mantén tus ojos fijos en Cristo. No mires hacia atrás, como hizo la esposa de Lot cuando huyeron de Sodoma. ¿Miramos hacia adelante y confiamos en Jesús, o seguimos mirando hacia atrás, anhelando volver con el captor? Ora, 2 Timoteo 2: 26: *"y que entren en razón y escapen de la trampa del diablo, que los ha llevado cautivos para que hagan su voluntad".* (NIV)

Crisis de identidad

Cuando dejas esa maleta a los pies de la cruz y te alejas, puedes experimentar un poco de crisis de identidad. Estabas tan acostumbrado a vivir en las mentiras que se habían convertido en tu verdad que te sentiste cómodo con ellas. Te engañaron haciéndote creer que era bueno, correcto y verdadero, como hicieron las mujeres con sus captores. Te apegaste emocionalmente al captor y a esa forma de vivir. Puede ser aterrador dejar de lado viejos hábitos, patrones pecaminosos y pensamientos erróneos. Un consejero me dijo una vez: "Jennifer, tu 'computadora' (mente) ha sido programada con mentiras por muchos años, necesitas 'reprogramarla' con la verdad de Dios". Eso lleva tiempo. Entre vivir en la mentira y abrazar la verdad, salir de la oscuridad a la luz es un proceso. Puede ser muy inquietante, y puede que no sepas quién eres durante un tiempo.

Sigue avanzando hacia la VERDAD de quién y de quién dice Dios que eres. 1 Timoteo 3:9 - *"Deben retener las verdades profundas de la fe con una conciencia clara"* (NVI).

Mi esposo había estado en el ministerio por veintiún años cuando dejó un ministerio en el sur de California para mudarse a Georgia, con fe y sin saber qué era lo siguiente para él, se fue, entusiasmado por las nuevas oportunidades de ministerio que estaba seguro que el Señor tenía para él allí. Pronto se convirtió en el "rey de la red" y conoció a todo tipo de personas en ministerios e iglesias mientras buscaba su próxima asignación. No encontró nada, durante dieciocho meses, nada. Dios le cerró todas las puertas. Mi esposo pasó por una gran crisis de identidad, porque su identidad siempre había sido la de pastor, director de ministerio o capellán y ahora no sabía quién era.

Cuando Dios le mostró que quería una relación padre-hijo con él y no una relación de negocios como había sido, comenzó a entender y abrazar su VERDADERA identidad como hijo de Dios. Vio que, independientemente de lo que estuviera "haciendo", él era principalmente el hijo de Dios y ahí era donde tenía que encontrar su sólida fuente de identidad.

Al cabo de dieciocho meses, Dios le abrió una puerta, trabajando como analista de ayuda informática para el servicio de asistencia de Coca Cola International, ¡porque hablaba holandés! Al principio se sintió destrozado. Esto era lo más alejado del ministerio que podía pensar. O eso creía él. Dios le dio la oportunidad de salir de un púlpito y estar en el mercado, experimentando una semana de trabajo como todas esas personas sentadas en los bancos de la iglesia a las que predicaba cada domingo. Comprendió su mundo y aprendió a llevarlos a Dios.

Con el tiempo, Dios le abrió otra puerta como Defensor del Ciudadano y Capellán de la Seguridad Pública de la ciudad en la que vivíamos. Dios lo ha llevado a un lugar donde ahora pastorea una ciudad, con toda la nueva visión, comprensión, compasión y corazón, ¡como Su hijo!

Sharon también estaba pasando por una crisis de identidad. Ella fue criada con hombres, para ser un hombre. Aprendió a cazar, a disparar, a hablar y siempre trabajó con hombres. Se sentía cómoda con los hombres, pero le aterraba estar con las mujeres. Se sentía insegura, intimidada, no lo suficientemente femenina y pensaba que las mujeres no la querían. No sabía cómo hablar o hacer cosas "femeninas" y no tenía amigas.

Su jefe la envió a ella y a otros compañeros de trabajo al primer Retiro de la Identidad Verdadera. Ella no quería estar allí. Se sentó con su grupo de la mesa y no dijo ni una palabra ni escribió en su cuaderno de trabajo, porque sabía que a alguien más "esto le vendría bien" y tenía un muro a su alrededor. Estaba segura de que nada de esto le servía. ¿Por qué Dios la llevó a esto?

Pero el domingo por la tarde, Dios empezó a derribar algunos ladrillos de su muro, cuando nos escuchó hablar de ser una Hija del Rey, algo atravesó su corazón. Nunca se había visto a sí misma de esa manera.

Salió del retiro, sin haber dicho nada todavía y empezó a pensar en todo lo que había oído y experimentado. Dios comenzó a mostrarle cuánto la amaba y cómo quería sacar su lado más suave, ayudarla a ser "su" chica. Él quería que se deleitara en la amistad con las mujeres y le dijo que algún día estaría ministrando a las mujeres. Poco a poco el muro empezó a caer y Dios continuó haciendo una increíble transformación en su vida.

Ahora tiene muchas amigas, se siente más cómoda con las cosas femeninas, e irradia una preciosa belleza interior, que la ha hecho aún más bella por fuera. ¡Y tiene cinta adhesiva rosa!

Avanzando

¿Sabes tú algo pero no lo crees? ¿Qué te ayudaría a pasar de saber algo a creerlo y actuar de acuerdo con esa creencia?

"Debo tener la aprobación de los demás para sentirme bien conmigo misma". Esta fue una mentira con la que viví durante buena parte de mi vida. Constantemente quería que los demás me afirmaran y me dijeran que me veía bien, que hacía un buen trabajo, que tenía mucho talento, que era una buena esposa, madre, etc. Sabía que esa mentira me llevaba a un miedo profundamente arraigado al rechazo, lo que me hacía complaciente con la gente, demasiado sensible a las críticas, retraída para evitar la desaprobación y temerosa de ser abierta y vulnerable.

Una vez que empecé a entender cómo reemplazar las mentiras con la verdad de Dios, comencé a contrarrestar esta mentira con la verdad de que soy totalmente aceptada por Dios y no tengo que temer el rechazo (Colosenses 1:19-22). Cuando esta verdad recorrió los dieciocho centímetros desde mi cabeza (conocimiento) hasta mi corazón (espíritu) y la creí, me liberé del miedo al rechazo, fui más transparente y abierta, me relajé con los demás, disfruté de las amistades y recibí las críticas con el corazón correcto.

Sydney me dijo en un Retiro de Identidad Verdadera que no fue hasta que empezó a creer realmente que era la preciosa hija de Dios, que encontró la libertad para ser todo lo que Dios diseñó y pretendía que fuera. Ella dijo: "Lo sabía desde hace años, pero hasta que *lo creí*, no hubo ningún cambio".

Tómate un tiempo y examina algunos de los libros que has estado llevando en tu maleta. Cuando lo veas expuesto en este tipo de formato puede ayudarte a ver cómo avanzar de la mentira a la verdad. Pide a Dios que te ayude a conocer Su verdad para contrarrestar la mentira y cuál será el resultado de creer en la verdad. Usa este ejemplo y camina a través de este proceso con cada mentira que hayas creído.

Cuando se revela una mentira, está bien y a veces es bueno, volver atrás y permitir que las emociones de la mentira salgan a la superficie, para reconocer el daño y liberarlo. Pero no te quedes en la mentira, muchos se quedan atascados ahí. Empiezan a revivirlo todo, son absorbidos de nuevo y empiezan a analizar y lamentarse de nuevo. Reciben y creen la mentira otra vez. Reconócela, renuncia a ella y avanza hacia la verdad.

Confía en el Señor para que te lleve a través de este proceso. Busca ayuda si la necesitas. Sabes que Él te ama intensamente y quiere liberarte para que camines en tu IDENTIDAD VERDADERA en Él.

Antes de continuar leyendo

1. ¿Cómo "llevar todo pensamiento cautivo a Cristo"? ¿Y cómo te ayuda esto a renovar tu mente?

2. ¿Es la preocupación o el miedo un resultado de uno de los "libros" más grandes en tu maleta? ¿Qué mentiras te han llevado a estar temeroso o preocupado?

3. ¿Cómo podemos borrar las mentiras escritas en nuestros corazones?

4. ¿Cómo nos libera el conocimiento de la verdad?

5. ¿Por qué queremos seguir volviendo al "captor"?

6. ¿Estás "sabiendo" pero no "creyendo" algo? ¿Qué te ayudaría a pasar de saber algo a creerlo y a actuar según esa creencia?

ORACIÓN SUGERIDA

Querido Padre Celestial, por favor ayúdame a estar tan saturado en tu Palabra que pueda desempacar mi "maleta" contrarrestando cada mentira con tu verdad y dejarlas al pie de la cruz. Quiero ser liberado de las cadenas que me mantienen atado y avanzar hacia la libertad en ti. Trae a mi mente a cualquiera que me haya ofendido o herido y ayúdame a elegir perdonarlo. No guardar rencores contra ellos, sino rezar por ellos y soltar el daño que me han infligido. Sáname mientras sigo confiando en ti y en tu plan para mi vida. En el nombre de Jesús. ~ Amén

Todo hombre debería tener un cementerio de buen tamaño, en el cuál enterrar las faltas de sus amigos.

~Henry Ward Beecher

Capítulo 10
El candado de las cadenas

Dios espera que las personas que han sido
perdonadas perdonen a las demás. -Bruce Hebel

¿Te aferras a un resentimiento? ¿Quieres vengarte? Otra gran barrera para la libertad y la sanación es no perdonar a los que te hicieron daño y aferrarte a las heridas del pasado. Es el candado de las cadenas que nos mantienen en la esclavitud. Para muchos es el paso más difícil de dar hacia la libertad y la sanación duraderas.

A Shelly le costaba perdonar a su padre por haber abusado de ella cuando era niña. Ella estaba creciendo amargada y comenzando a experimentar problemas físicos que ella sabía estaban relacionados con este asunto. Ella creía que si perdonaba a su padre sería "dejarle libre de culpa". Pero su padre se estaba haciendo mayor y ella se sentía fatal porque, como cristiana, albergaba malos sentimientos y tenía una relación tensa con él.

Le pregunté qué creía que significaba perdonar a alguien. Ella dijo: "Dejar ir y actuar como si nada hubiera pasado". Le expliqué: "Perdonar y olvidar son dos cosas diferentes. Perdonar no es olvidar. El dolor se desvanecerá con el tiempo, pero no olvidarás. El perdón es una elección y un acto de tu voluntad y si esperas a tener ganas de perdonar nunca lo harás. Los sentimientos seguirán a la acción. Una vez que elijas perdonar, como Dios nos dice que perdonemos a los demás como Él nos ha perdonado, (Efesios 4:25-32), te liberarás de la esclavitud de la amargura y empezarás a sanar.

"La venganza es mía", dice el Señor (Romanos 12:19). No es nuestro trabajo el de exigir venganza o juicio, ese es el trabajo de Dios. Cuando perdonamos nos estamos liberando, ya no estamos encadenados a nuestro pasado y a los que nos hicieron daño. No podemos cambiar o arreglar el pasado, pero no tenemos que seguir atados a él o a las personas que nos hicieron daño. Dios traerá la sanación a medida que perdones, no al revés.

"Nunca ha dicho que lo sienta", dijo Shelly. La animé a no basar su perdón en una disculpa de su padre, puede que nunca se disculpe. Jesús no esperó a que otros le pidieran perdón para perdonarlos (Lucas 23:34). Se nos ordena perdonar (Lucas 6:36). La animé a que orara y pidiera a Dios que la ayudara a elegir perdonar a su padre, que le diera SU amor por él y que sanara las profundas heridas causadas por esta situación. Dios sabe lo mucho que te duele, corre a Él para que te consuele y te sane y deja ir a quien te hirió hacia Él.

(Nota: Perdonar no significa que te quedes en el abuso. Dios no tolera el pecado y tú tampoco deberías hacerlo. Establece límites sanos y bíblicos y ponle fin al abuso. Habla con un pastor, consejero o amigo de confianza para que te ayude si es necesario).

El perdón es . . .

Recuerda que el perdón es una elección y un acto de tu voluntad. Pídele al Señor que te ayude a tomar la decisión de perdonar, independientemente de cómo te sientas respecto a una persona o situación.

EL PERDÓN ES UN MANDATO

Marcos 11:25-26 - *"Cada vez que estén orando, perdonen, si tienen algo contra alguien, para que su Padre que está en el cielo también les perdone sus ofensas. Pero si no perdonáis, tampoco vuestro Padre que está en los cielos os perdonará vuestras ofensas".* (NASB)

Agradece a Dios por haberte perdonado primero a ti, así como tú perdonas a los demás.

PERDONAR NO ES BUSCAR LA VENGANZA

Romanos 12:19 - *"Mía es la venganza, yo pagaré', dice el Señor".*

Dios se encargará de la persona. No es nuestro trabajo exigir venganza o juicio. Ese es el trabajo de Dios.

EL PERDÓN NO ES ESPERAR A QUE OTROS SE DISCULPEN

Lucas 23:34 - *"Y Jesús dijo: 'Padre, perdónalos, porque no saben lo que hacen'".*

Jesús no esperó a que otros se disculparan con él para perdonarlos. Dios traerá la sanación a medida que tú perdones, no al revés.

PERDONAR ES LIBERARSE

No podemos arreglar nuestro pasado, pero dejemos de estar encadenados al pasado y a los que nos hirieron. Perdonar es no aferrarse al dolor del pasado. Puede que nunca olvides. El dolor se desvanecerá con el tiempo, pero cada vez que lo recuerdes, recuérdate que has perdonado a esa persona.

Libertad

Yo también tuve problemas para perdonar a quienes me habían hecho daño en el pasado. Cuando participé en una "Cita de Libertad", parte de los ministerios de Libertad en Cristo de Neil Anderson, encontré grandes avances en esto. Cuando pasamos por los "7 pasos hacia la libertad", uno de los pasos es el perdón. La mujer que me llevaba por los pasos me explicó lo que era y lo que no era el perdón. Luego oré y le pedí a Dios que me recordara a todas las personas que debía perdonar. Enseguida pensé en algunas: mi madre, mi padre, mi hermano, mi abuela, mis amigos y todos los niños que se habían burlado de mí. Recé y elegí perdonar a cada una de las personas de mi lista, luego recé para elegir no aferrarme a ningún resentimiento o derecho a buscar venganza y le pedí que sanara mis emociones dañadas.

Entonces la mujer me preguntó si quería liberar cualquier pensamiento de ira contra Dios. "¿Dios? pregunté. "No tengo pensamientos de ira contra Dios. Tengo una buena relación con Dios". Pero, de nuevo, al pensar en ello, lo hice. Estaba enfadada porque Él permitió que naciera con un defecto de nacimiento. Estaba decepcionada porque las cosas no salieron como yo creía que debían salir, porque había perdido tres hijos en abortos espontáneos y porque Él no me sanó cuando yo había orado por ello años atrás. Oré y liberé todos estos pensamientos de ira hacia Dios y le pedí su perdón.

Al final de este paso agradecí a Dios por liberarme de la

esclavitud de la amargura y le pedí que bendijera a los que me habían herido, en el nombre de Jesús.

Había gastado una caja de Kleenex y estaba agotada, pero me sentí LIBRE después de este paso y estaba tan agradecida de que finalmente pude abrir el candado de las cadenas que me habían mantenido en la esclavitud durante tantos años.

Isaías 61:1 - *"Me ha enviado a proclamar la libertad a los cautivos, y la apertura de la cárcel a los presos"*. Ora y pídele a Dios que te ayude a elegir perdonar. Pídele que te dé SU AMOR por la persona que te hirió y que traiga sanación a las profundas heridas causadas por la situación, Dios sabe lo mucho que te duele. Corre a Él en busca de consuelo y sanación, derrama tu corazón hacia Él y deja ir a quien te hirió hacia Él. Hay un dicho que dice: *"No perdonar es como beber veneno y esperar que la otra persona muera"*.

Jesús vino a liberar a sus hijos e hijas. Rompe el candado de las cadenas y permite que Él te sane y te libere para que seas todo lo que Él creó que fueras en tu Identidad Verdadera en Él, donde puedes entonces permitir que otros sean libres para ser quienes Dios les hizo ser. Aférrate a la promesa de que el amor perfecto, Su amor, echa fuera todo temor

Antes de continuar leyendo

1. ¿Qué es el perdón y qué no es?

2. ¿Por qué es importante perdonar a los demás? ¿Qué ocurre cuando no perdonamos?

3. ¿Cómo nos beneficia perdonar a los demás?

4. Pide al Señor que te muestre a quién tienes que perdonar y por qué.

5. ¿Hay alguien a quien te cuesta perdonar? Reza para que el Señor te ayude a elegir perdonar y dejar de lado las heridas que te han hecho. Entrégalo al Señor y reza para que lo bendiga.

ORACIÓN SUGERIDA

Querido Padre Celestial, trae a mi mente a todo aquel que me haya ofendido o herido y ayúdame a elegir perdonarlo, para no guardar rencor contra él, sino para rezar por él y dejar de lado el daño que me ha hecho. Sáname mientras sigo confiando en ti y en tu plan para mi vida. En el nombre de Jesús. ~ Amén

Capítulo 11
Identidad Verdadera

¡Ahora eres un cisne!

Cuando algo se rompe, ¿Quién lo arregla? Si tengo un reloj roto, ¿lo llevo a un piloto para que lo arregle? Si tengo un coche roto, ¿lo llevo a un peluquero? ¿Un brazo roto a un cocinero? Por supuesto que no. Sin embargo, cuando nos reflejamos en un "espejo roto", sintiéndonos heridos, inferiores o inseguros, seguimos acudiendo a fuentes equivocadas para arreglarlo. Y nos preguntamos por qué no funciona bien o no se cura.

¿Quién mejor para arreglar algo que quien lo creó?

"Porque Dios hizo al hombre a su imagen y semejanza" (Génesis 9:6b).

Reflexionando desde el espejo de Dios

Cuando queremos descubrir quiénes y de quien somos realmente, los hijos amados de Dios y ser libres para vivir de acuerdo con nuestro verdadero propósito e identidad, tenemos que mirar a la fuente correcta. A aquel que nos creó. Necesitamos mirar en SU espejo, Su Palabra, la Biblia, para obtener un reflejo y una visión adecuados de nosotros mismos. Para vernos como

Dios nos ve. Así como cuando el patito feo vio su reflejo en el lago por primera vez, vio lo que realmente era: Un hermoso cisne.

Todos somos patitos feos, perdidos en nuestro pecado y en la esclavitud de la mentira, antes de ser perdonados y redimidos a través de Jesús. (Romanos 3:23-24 - *"por cuanto todos pecaron y están destituidos de la gloria de Dios y todos son justificados gratuitamente por su gracia mediante la redención que vino por Cristo Jesús"*). Cuando Jesús murió en la cruz y tomó la pena por nuestros pecados, nos permitió ser reconciliados con Dios, lavados y limpios, hechos justos, santos e irreprochables a sus ojos (Efesios 1:4 - *"Porque nos escogió en él antes de la creación del mundo para que fuéramos santos e irreprochables a sus ojos"* NVI). Convertidos en hermosos cisnes blancos y santificados.

Que quede claro, sin embargo, que sólo somos redimidos en Cristo. De hecho, nuestra identidad natural es la de un pecador, indigno de Él porque Su santidad no puede mirar el pecado. Pero una vez que estamos en Cristo se nos da nuestra Identidad Verdadera en Él, lo que Él originalmente quiso que fuéramos. Nos deshacemos de los trapos sucios y nos ponemos las hermosas ropas de la justicia. Isaías 61:10 - *"En gran manera me deleito en el Señor; mi alma se regocija en mi Dios. Porque me ha vestido con ropas de salvación y me ha revestido con un manto de su justicia, como un novio adorna su cabeza como un sacerdote y como una novia se adorna con sus joyas"* (NVI).

Recuerda que Satanás quiere robarnos la vida, pero Jesús vino para que tengamos vida y la tengamos en abundancia en nuestra Identidad verdadera en Él. ((Juan 10:10 - "El ladrón sólo viene a robar, matar y destruir. *Yo he venido para tengan vida y la tengan en abundancia").*

Nueva Creación

Antes de que llegara a Cristo, intentaba luchar sola contra el mundo. Dios me envolvió con su amor para salvarme, protegerme, nutrirme y sanarme y luego me envió a hacer su ministerio.

Mientras escribo esto, estoy sentada en un soleado día de primavera en las montañas del norte de Georgia, observando a una hermosa mariposa monarca que revolotea alrededor de unas flores frente a la terraza. Me encantan las mariposas, me recuerdan la promesa de Dios en 2 Corintios 5:17 de que *"si alguien está en Cristo, es una nueva creación. Lo viejo ha pasado; he aquí que ha llegado lo nuevo".*

Somos mariposas, Dios nos lleva a través de una metamorfosis de oruga a mariposa. Venimos a Él como pecadores, nos envolvemos en el amor transformador y redentor de Dios y emergemos como una nueva creación en Él, perdonados y libres.

Dios no hace un cambio de imagen, tratando de hacer que algo viejo parezca nuevo; Él nos hace completamente nuevos. (Marcos 2:22 - *"Y nadie pone vino nuevo en odres viejos; si lo hace, el vino revienta los odres y el vino se destruye y los odres también. Pero el vino nuevo es para los odres nuevos).*

El viejo yo ya no existe (Romanos 6:6 - *"Sabemos que nuestro viejo yo fue crucificado con Él para que el cuerpo del pecado fuera eliminado, a fin de que ya no fuéramos esclavos del pecado".* Efesios 4:22 - *"despojaros de vuestro viejo yo, que pertenece a vuestra antigua manera de vivir y está corrompido por deseos engañosos").* Podría ser LIBRE en el "nuevo" yo (cisne) (Romanos 6:7 – *"Porque el que ha muerto ha sido liberado del pecado".* Efesios 4:23-24- *"Y renovaros en el espíritu de vuestra mente, y revestiros del nuevo yo, creado a semejanza de Dios en la verdadera justicia y santidad")*. El viaje del patito feo al cisne duró veintiún años en el exterior. Ese mismo viaje duró cuarenta y cinco años en el interior. Entender la forma en que Dios me hizo, que yo no era un error, escribir la Palabra de Dios en mi corazón, saber y creer lo mucho que ÉL me amaba, contrarrestar y borrar las mentiras con Su verdad, dejar ir el pasado y regocijarme en todo lo que yo era en Cristo y Él en mí, fue parte del proceso para ser liberada en mi Identidad Verdadera en Cristo.

Firmemente arraigado

"Lo siento mucho, pero se ha quitado la vida", le dije a la preciosa joven que se había hecho muy querida en mi familia. Esas fueron las palabras más difíciles que he tenido que decir. Ella entró instantáneamente en shock y empezó a sollozar, gritando: "No, no, no". No sabía las palabras adecuadas para consolarla, así que me limité a abrazarla y a llorar con ella, rezando y pidiendo a Dios que me ayudara a ayudarla. Entonces, de repente, me miró entre lágrimas asustadas y preguntó: "¿Va a venir la policía a buscarme? Dijo que si lo hacía sería todo culpa mía y que iría a la cárcel". Mi corazón se rompió de nuevo. "Por supuesto que no. Esto no es culpa tuya. Te mintió cuando dijo eso". Ella no me creyó. Entró en pánico. No sólo por el shock de saber que acababa de perder a su esposo por suicidio, sino también porque pensaba que iba a ir a la cárcel. Le aseguré que todo iba a salir bien, que vendría a vivir con nosotros y que la cuidaríamos. Dios nos iba a ayudar a pasar por esto.

Sólo llevaba cuatro meses de casada y su esposo se encontraba en una peligrosa espiral de adicción a los analgésicos tras sufrir un accidente de tráfico. Él se volvió cada vez más irracional y empezó a amenazar con suicidarse, diciéndole que sería su culpa si lo hacía. Ella acababa de mudarse aquí desde otro país para casarse con él y no estaba segura de las leyes que rodean este tipo de asuntos. Aunque hubo muchas personas que trataron de ayudar a su esposo, Satanás se apoderó tanto de él que sucumbió a las mentiras y se quitó la vida, dejando a su joven y asustada esposa sola y sin nada.

Estaba muy preocupada por ella y por cómo todo esto podría afectar a su nueva fe y a su futuro. Todo lo que sabía en ese momento era que ella debía volver a casa y vivir con nosotros y que Dios nos ayudaría a salir adelante. Un día a la vez.

Esos días siguientes no fueron más fáciles, pero Dios tenía su mano sobre su preciosa hija y la llevó a través de esa tormenta tan traumática. La amamos y la cuidamos, lloramos con ella y tratamos de responder a todas sus preguntas. Nuestras hijas la adoptaron como una hermana y en poco tiempo formaba parte de nuestra familia.

En los meses siguientes, a medida que la conocí mejor y pasé más tiempo conversando con ella, descubrí que parte de la razón por la que sentía que la muerte de su esposo era su culpa no era sólo porque él le dijo que lo sería, sino por su pasado pecaminoso. Sentía que Dios la estaba castigando por las cosas malas que había hecho cuando era adolescente y joven. No podía creer que Dios la amara lo suficiente como para perdonarla por esas cosas.

Venía a nuestro estudio bíblico para mujeres y se asombraba de que lo que estudiábamos cada semana era exactamente lo que necesitaba aprender sobre Dios y su relación con Él. Se entusiasmaba tanto en el viaje de regreso a casa, diciéndome: "Mamá Jen, ¿no fue genial lo que estudiamos sobre el perdón de

Dios esta semana? Dios sabía que yo necesitaba eso ahora mismo". Mi corazón se llenó de alegría. Dios la estaba conquistando y afirmando en su identidad en Él.

Ella estaba más firmemente arraigada en la Palabra de Dios y en la sanación y para cuando regresó a su país, conocía su Identidad Verdadera en Cristo. Fue liberada como una mariposa para perseguir todo lo que Dios había planeado para ella, planes para un futuro y esperanza, una nueva creación en Él.

QUIÉN y QUIENES

Todos necesitamos saber QUIÉN y QUIENES somos en Cristo y quién es Cristo EN NOSOTROS. Lee los primeros cuatro capítulos de Efesios, es rico en promesas y descripciones de quiénes somos en Cristo y quién es Él en nosotros:

Santos e irreprochables ante Él (1:4)

Adoptados por Él (1:5)

Redimidos por Él (1:7)

Perdonados (1:7)

Podemos conocerlo a Él y Su voluntad (1:9)

Sellados con la promesa del Espíritu Santo (1:13)

Hechos vivos en Cristo, salvados (2:5)

Su obra (2:10)

Reconciliado con Dios (2:16)

Acceso al Padre (2:18)

Capaz de hacer mucho más de lo que pedimos o pensamos (3:20)

Creado a semejanza de Dios en verdadera justicia y santidad (4:24)

Quienes somos en Él nos ayuda a ser liberados de la condenación del pecado para ser todo lo que Él diseñó y desea que seamos y entender quién es Él EN NOSOTROS, nos ayuda a hacer el trabajo para el que Él nos ha llamado y preparado (a hacer discípulos en todas las naciones) y a caminar libres en nuestra Identidad Verdadera en Él.

Una mujer con la que trabajé me dijo que se sentía mejor consigo misma desde que había conseguido algo de autoestima. Le pregunté cómo había conseguido esta autoestima, preguntándome si la había conseguido en el pasillo de los cereales del supermercado como ella decía. Me dijo que había acudido a un psicólogo que le enseñó a decirse cosas positivas a sí misma, entre ellas ponerse delante de un espejo cada mañana y decirse que era guapa, poderosa, dueña de su destino y que tenía el control. Unos meses después le pregunté si seguía funcionando y me dijo: "No tanto". Estaba volviendo a caer en la depresión.

El problema no es la baja autoestima; es no valorar a Cristo en nosotros ya que fuimos creados para estar satisfechos sólo en Él. Cuando tratamos de sentirnos mejor con nosotros mismos a partir de nuestro propio yo pecador, siempre será algo fugaz y vacío, ya que no hay nada bueno en nosotros, (Marcos 10:18 *"¿Por qué me llamas bueno?" Respondió Jesús. "Nadie es bueno, sino sólo Dios"*), por lo que no puede surgir de nuestro interior. Cuando nos convertimos en cristianos, Cristo nos da el don del Espíritu Santo (Hechos 2:38 - *"Pedro respondió: 'Arrepiéntanse y bautícense cada uno de ustedes en el nombre de Jesucristo para el perdón de sus pecados y recibiréis el don del Espíritu Santo'".* NVI), ahora tenemos a Cristo viviendo EN NOSOTROS. Es Cristo en nosotros quien nos da vida, esperanza, propósito, plenitud y todo lo que necesitamos para caminar por la vida en victoria. (Romanos 8:9 - *"Pero ustedes no viven la vida de la carne, sino que viven la vida del Espíritu si el Espíritu Santo de Dios realmente mora en ustedes, los dirige y controla. Pero si alguien no posee el Espíritu Santo de Cristo, no es de los suyos no pertenece a Cristo, no es verdaderamente hijo de Dios"* AMP.) Tener una sana autoestima es resultado de valorar a Cristo en nosotros. Nuestra identidad ya no es lo que nos ocurrió cuando éramos niños y jóvenes, sino lo que ocurrió en nosotros a través de Cristo.

Entender quién soy en Cristo y quién es Él en mí puede ser confuso. Imagínatelo así: Tienes tres sobres, en el primero escribe DIOS. En el segundo ESPÍRITU SANTO y en el tercero YO. Ahora pon el sobre que dice ESPÍRITU SANTO dentro del sobre que tiene escrito YO. Luego pon el sobre que tiene escrito YO dentro del que tiene escrito DIOS. Tenemos nuestra identidad verdadera en Dios (YO dentro del sobre de DIOS) y al mismo tiempo lo tenemos a Él viviendo dentro de nosotros (el sobre del ESPÍRITU SANTO dentro del sobre de YO).

Muchos de nosotros los cristianos no vivimos como si tuviéramos el poderoso poder de Dios (Espíritu Santo) viviendo en nosotros, yo no lo hice por mucho tiempo. Sabía que tenía el don del Espíritu Santo en mí después de la confesión de fe en Jesucristo y luego en el bautismo, pero no permitía que Él tuviera una influencia profunda en mí. Todavía luchaba con la preocupación, el miedo, la depresión y las inseguridades, pero lo que necesitaba era más del Espíritu Santo; necesitaba dejar que Él se quedara más conmigo. Estaba caminando en la carne mucho más que en el Espíritu. (Gálatas 5:16 - "Pero yo digo: caminen y vivan por el Espíritu, *para que no complazcan los deseos de la carne (de la naturaleza humana sin Dios)" (NVI).* No es de extrañar que me sintiera derrotada y vencida la mayor parte del tiempo, caminando con esa pesada maleta y diciendo: "Sí, soy cristiana, ¿No te das cuenta? ¿Ves lo feliz y alegre que soy?". La vida es a menudo muy difícil y desafiante, pero somos los que tenemos al Dios vivo habitando dentro de nosotros y también debemos mostrarlo por fuera.

Creer QUIENES SOMOS en Cristo destruye los sentimientos de INFERIORIDAD

Creer EN DÓNDE ESTAMOS en Cristo destruye los sentimientos de INSEGURIDAD

Creer QUIEN ES CRISTO EN NOSOTROS destruye los sentimientos de INSEGURIDAD

¡Se nos ha dado todo lo que necesitamos en Cristo para vivir una vida plena y victoriosa! (Romanos 8:37 - *"En todo esto somos más que vencedores por medio de aquel que nos amó").* ¡Ahora necesitamos creerlo y comprometernos con ello!

Antes de continuar leyendo

1. ¿Ha habido una batalla dentro de ti entre tu "viejo yo" (patito feo) y tu "nuevo yo" (cisne)? ¿Sigues viéndote como un patito feo o como un cisne?

2. ¿Qué significa para ti andar en la carne y andar en el Espíritu?

3. ¿Qué significa ser "una nueva creación en Cristo"? ¿Cómo debería afectar eso a nuestro comportamiento?

4. ¿Cuál es la diferencia entre lo que somos en Cristo y lo que Él es en nosotros?

5. ¿Cómo el conocimiento de tu Identidad Verdadera en Cristo cambia la forma en que te ves a ti mismo? ¿Cómo puede impactar el núcleo de tu ser y tu perspectiva de la vida?

6. ¿Qué pasos puedes dar para permitir que el Espíritu Santo tenga una influencia más penetrante en ti?

ORACIÓN SUGERIDA

Querido Padre Celestial, gracias porque soy una nueva creación en ti. Gracias porque la " vieja persona " está muerta y ahora estoy completamente viva en Ti. Recuérdame cada día todo lo que soy en Ti y lo que Tú eres en mí. Ayúdame a abrazar y mantenerme firme en mi Identidad Verdadera y permitir que me transforme de adentro hacia afuera. En el nombre de Jesús ~ Amén

El día de mi boda en 1986.   *Celebrando nuestro aniversario 25 en 2011.*

Capítulo 12
Unicamente Tú

*Señor, permíteme ser la creación total que has
hecho de mí para no ser encajada en el molde de
otra persona y permitir que tu plan y tu gracia
hagan su trabajo en mí.*

Creada de manera temerosa y maravillosa

*"Porque tú creaste todo mi ser, me tejiste en el vientre de mi
madre. Te alabo porque he sido creado de forma maravillosa;
tus obras son maravillosas, lo sé muy bien. No se te ocultó mi
cuerpo cuando fui hecho en el lugar secreto. Cuando fui tejido
en las profundidades de la tierra. Tus ojos vieron mi cuerpo no
formado. Todos los días previstos para mí estaban escritos en
tu libro antes de que uno de ellos llegara a existir".* Salmo 139:
13-16 (NVI).

Parte del "tejido" de Dios fue darnos un tipo de
temperamento específico o una mezcla de tipos de
temperamento (personalidad). Nacimos con nuestra
personalidad, no cambia. La forma en que se manifiesta puede
cambiar, pero nuestro centro de la personalidad no lo hace, la
personalidad que Dios nos dio es una parte importante de

nuestra identidad.

En una clase de escultura de la universidad, teníamos que esculpir una cabeza, o un busto como lo llaman los artistas y teníamos que elegir el mejor tipo de arcilla para esta tarea. Nuestro profesor nos explicó la importancia de utilizar una arcilla flexible, no demasiado blanda, que mantuviera su forma y que no se secara demasiado rápido. Elegí mi bloque de arcilla, lo puse en el soporte para esculpir y empecé a tallar, dar forma y esculpir una cabeza. Podía esculpir y moldear la arcilla con la forma de una cabeza, un animal, un edificio, una planta, lo que quisiera, pero fuera cual fuera la forma que adoptara, seguiría siendo de arcilla. La arcilla no cambiaba, la forma sí.

Lo mismo ocurre con nuestra personalidad. Nacemos con un temperamento particular o una mezcla de temperamentos (personalidad = la arcilla) que no cambia. Sin embargo, al igual que mi ejemplo de escultura, las circunstancias en las que vives y creces, tu familia, las influencias externas, Dios, todo puede ser parte de la "formación" de tu carácter.

Decisiones, decisiones, decisiones

¿Me pregunto qué me voy a poner hoy?

Todas las mañanas me paraba en mi armario y me hacía esa pregunta. Me volvía loca. ¿Por qué me cuesta tanto tomar decisiones? ¿Por qué soy tan perfeccionista? ¿Por qué todo el mundo tiene siempre tanta prisa y por qué no puede llevarse bien?

Realmente luché con estas cosas en mí interior hasta que escuché por primera vez sobre los cuatro tipos de personalidad de Florence Littauer, cuando habló en un almuerzo de Billy Graham en 1983. Me fascinó. Más tarde compré su libro, Personality Plus y lo devoré. Por primera vez en mi vida empecé a entender por qué mi tipo de personalidad me influyó para hacer las cosas de la manera que las hice y por qué las hice. Por qué me comunicaba como lo hacía y por qué odiaba tanto los conflictos. También por qué me costaba tanto tomar decisiones y qué tipo de situaciones me estresaban. Se me iluminó la cabeza. Después de todo, no estaba loca.

El mayor impacto de conocer los tipos de personalidad fue cuando me casé con un holandés. Durante bastante tiempo no estuve segura de qué era cultural y lo que era personalidad. Pasé veinte meses viviendo en Ámsterdam, donde conocí y me casé con mi esposo y tuve la oportunidad de conocer un poco la cultura holandesa, además de pasar tiempo con la familia de él. Pensaba que todos los holandeses eran como mi esposo y su familia. No fue hasta que mi esposo y yo realizamos juntos una encuesta sobre el perfil de la personalidad, varios años después, que empecé a distinguir lo que era holandés y lo que era el tipo de personalidad de mi esposo - PODEROSO.

También nos ayudó mucho a entendernos mejor, a ser pacientes con las debilidades del otro y a fomentar los puntos fuertes del otro. Nos ha ahorrado muchos posibles desacuerdos y nos ha facilitado el camino para aprender a comunicarnos y resolver los conflictos de forma saludable. Nos centramos más en ser un equipo unido, sabiendo que Dios nos puso juntos a dos "opuestos" para complementarnos y ser más fuertes. Mantuvimos a Cristo en el centro y dejamos de intentar cambiar al otro. ¡Sólo Dios puede hacer eso!

Tú eres único

Comprender mejor tu propio tipo de personalidad y la de los demás te ayudará a reconocer mejor que los demás no están "equivocados" porque sean diferentes a ti, simplemente son diferentes. Dios nos hizo a todos únicos para trabajar juntos como partes diversas del "cuerpo" de Cristo (1 Corintios 12:24-27). No hay otro como "tú" en todo el universo. Estar satisfecho con el tipo de personalidad que Dios te ha dado es un paso importante para entender cómo te ha tejido Dios y regocijarte en ello y no deseando tener el tipo de personalidad de otra persona, sino aceptando que Dios conoce el tipo de personalidad perfecto para ti y cómo puedes crecer en el carácter de Cristo en él.

¿Por qué no podemos llevarnos todos bien?

"Mirad qué bueno y qué agradable es que los hermanos vivan unidos" - Salmo 133:1.

Tenemos los cuatro tipos de temperamento en nuestra familia. DIVERTIDO (quiere divertirse), PODEROSO (quiere control), TRANQUILO (quiere paz), DETERMINADO (quiere orden). Mi marido es principalmente Poderoso, yo soy Tranquila, mi hija mayor es Determinada y mi hija menor es Divertida. Esto hace que la dinámica sea muy interesante. Pero a medida que las niñas han crecido y han comprendido su propio tipo de temperamento y personalidad, el de cada una y el nuestro como padres, también han aprendido a fomentar los puntos fuertes de cada una y a tener paciencia con los puntos débiles de la otra. El conocimiento de los temperamentos y tipos de personalidad ha mejorado las relaciones dentro de nuestra familia y ha ayudado en las relaciones fuera de ella.

Ser consciente de la personalidad de tus padres, hermanos,

hijos, compañeros de trabajo, compañeros de escuela, jefe, pastor, grupo de amigos y otras personas con las que te relacionas regularmente puede mejorar mucho esas relaciones. Dios nos dice en la Biblia que nuestro objetivo es esforzarnos por llevarnos bien con todo el mundo cuando esté en nuestra mano hacerlo, (Romanos 12:18 nos dice: "Si es posible, en la medida en que dependa de vosotros, vivid en paz con todos", y en Juan 13:34-35: "Un mandamiento nuevo os doy: que os améis los unos a los otros; como yo os he amado, también vosotros debéis amaros los unos a los otros. En esto conocerán todos que sois mis discípulos, si os tenéis amor unos a otros"); y entender cómo nos hizo Dios a cada uno de nosotros es una herramienta clave para lograrlo.

Una mujer keniana me envió un correo electrónico después de asistir al Retiro de la Identidad Verdadera en Kenia, diciendo que una vez que entendió su personalidad y la de su esposo e hijos, junto con el resto del mensaje de la Identidad Verdadera, sus relaciones familiares mejoraron drásticamente. Dijo que ya no discutía con su esposo, que comenzó a animarlo y a ayudar a satisfacer las necesidades emocionales de su personalidad. Supo cómo amar, motivar y afirmar mejor a sus hijos. Ella sintió que conocer este material ha ayudado a toda su familia a liberarse para ser quienes Dios diseñó que fueran. ¡En mi segundo viaje a Kenia en noviembre de 2012, esto fue confirmado nuevamente por muchos que habían sido parte del primer Retiro de la Identidad Verdadera, compartiendo conmigo que la comprensión de las personalidades y el mensaje de la Identidad verdadera estaba trayendo una nueva unidad a sus familias, iglesias y comunidades!

Tapiz de amor

Imagínate a todos nosotros como un tapiz que Dios está tejiendo. Cada uno de nosotros es un hilo de color que Dios está uniendo con amor para formar el Cuerpo de Cristo. Cuando miras la parte de atrás del tapiz, ¡es un desastre!, hilos que van en todas direcciones, nudos, grupos de hilos juntos, hilos que sobresalen, pero cuando le das la vuelta, vez cada hilo perfectamente entrelazado con el resto, mostrando una obra maestra en el lado terminado.

Como he estado trabajando con los conceptos de personalidad por más de veinticinco años y recientemente desarrollé nuestro propio perfil de PERSONALIDAD VERDADERA para el Ministerio de la Identidad Verdadera, basado en cuatro tipos de temperamento clave: DIVERTIDO, PODEROSO, TRANQUILO Y DETERMINADO, he visto cuán significativo ha sido para otros entender cómo Dios los hizo. Ha traído una nueva libertad en su relación con ellos mismos, con Dios y con los que se relacionan. Esta es una de las principales razones por las que esto se incluye en la enseñanza de la Identidad Verdadera, para ayudar a otros a entender mejor esta parte de su identidad. Espero que descubras lo mismo por ti mismo. ¡Es una pieza importante de nuestra Identidad Verdadera!

Antes de continuar leyendo

1. ¿Cuál es tu tipo de personalidad (arcilla)? ¿Cómo te ayuda saber esto a entenderte mejor a ti mismo y a la forma en que Dios te hizo?

2. Lee Efesios 2:10. Escribe 5 puntos fuertes de tu personalidad -tus atributos positivos- que te gusta mostrar y usar para bendecir a los demás.

3. Lee el Salmo 139:23-24 e Isaías 64:8. Escribe algunas de las debilidades con las que sientes que luchas. Pide al Señor que empiece a ayudarte a transformarlas en fortalezas.

4. ¿De qué manera la comprensión de tu personalidad y la de los demás te ayuda a liberarte en tu relación contigo mismo, con Dios y con los demás?

ORACIÓN SUGERIDA

Padre Celestial, gracias porque antes de ser formado en el vientre materno, Tú me tenías en mente y me creaste tal como soy. Ayúdame a ver que la manera en que me moldeaste, formaste y me hiciste es perfecta a tus ojos. Me diste una personalidad única y rasgos físicos característicos. Ayúdame a deleitarme y a aceptar mi individualidad y a darme cuenta de la maravillosa verdad de que no soy como nadie que Tú hayas creado. Ayúdame también a estar abierto a cómo Tú puedes desear cambiar mis debilidades en fortalezas y a continuar esforzándome por ser más como Tú y recordar que te honro al ser todo lo que Tú creaste que fuera. En el nombre de Jesús ~ Amén.

Con mis hermosas hijas Carina y Sophia.

## Capítulo 13

Hijo del Rey

*Jesús vino a anunciarnos que una identidad
basada en el éxito, la popularidad y el poder es
una identidad falsa ¡una ilusión! En voz alta y
clara nos dice: No eres lo que el mundo hace de ti,
pues eres hijo de Dios.*

-Henri Nouwen

"Espejito, espejito en la pared. ¿Quién es la más bella de todas?"
pregunta a diario la malvada reina del cuento de Blancanieves,
esperando que el espejo le diga que es ella. Y al igual que la reina,
toda mujer quiere ser bella, saber que es encantadora y valorada.

La verdadera belleza

1 Pedro 3:4 nos dice: *"Pero que tu adorno sea la parte oculta del
corazón con la belleza imperecedera de un espíritu apacible y tranquilo, que
a los ojos de Dios es muy valioso."*

Staci Eldridge lo dice muy bien en su libro, Captivating: "Una
mujer de verdadera belleza es una mujer que en lo más profundo
de su alma está en paz, confiando en Dios porque ha llegado a

saber que Él es digno de su confianza. Irradia una sensación de calma, de descanso, e invita a los que la rodean a descansar también".

Como hijas del Rey, somos verdaderamente bellas no sólo porque así nos ve Dios, sino porque tenemos a Cristo en nosotras. Él irradia su luz desde adentro y nos hace no sólo hermosas por dentro, sino aún más hermosas por fuera. Dios me mostró esto cuando pasé por años de cirugías reconstructivas, procedimientos dentales, luchas por el peso y por sentirme juzgada por mi apariencia. Cuanto más íntima era mi relación con Él, más me veía como Él me ve. Cada vez que tenía un pensamiento negativo sobre mí misma, el Señor me recordaba cómo me veía ÉL. Cada vez que alguien decía algo cruel, el Señor estaba allí para consolarme con SU perspectiva y pensamientos hacia mí. A medida que Él continuaba sanando las heridas profundas con Su verdad y amor incondicional, pude descansar en la paz y la belleza que Él había puesto en lo más profundo de mí.

"Pero el SEÑOR dijo a Samuel: 'No consideres su apariencia ni su estatura, porque lo he rechazado. El SEÑOR no se fija en las cosas que mira el hombre. La gente mira la apariencia externa, pero el SEÑOR mira el corazón'". 1 Samuel 16: 7 (NVI).

Precioso a su vista

Un hombre preguntó a la multitud si alguien tenía un billete de veinte dólares que le pudiera prestar y prometió que se lo devolvería. Cogió el billete y empezó a arrugarlo, lo arrugó todo lo que pudo, lo tiró al suelo y lo pisoteó. El hombre que había prestado el billete se puso un poco nervioso. Lo recogió y preguntó al público si alguien lo quería, todos levantaron la mano. Por mucho que se doblara, arrugara o pisara, no había perdido su valor, seguía valiendo veinte dólares.

Lo mismo ocurre con nosotros. Por mucho que nos aplasten, maltraten, ensucien y pisoteen en la vida, seguimos teniendo un gran valor para Dios. Las cosas que nos han sucedido no determinan ni quitan nuestro valor. Como dice Isaías 43:1-5, somos preciosos a sus ojos:

"Pero ahora así dice el Señor, el que te creó, oh Jacob, el que te formó, oh Israel: 'No temas, porque te he redimido; te he llamado por tu nombre, eres mío. Cuando pases por las aguas, yo estaré contigo; si pasas por ríos, no te ahogaras; cuando pases por el fuego, no te quemarás y la llama no te consumirá. Porque yo soy el Señor, tu Dios, el Santo de Israel, tu Salvador. Como precio de tu rescate doy a Egipto a Etiopía y a Sabá a cambio tuyo. Porque mucho vales a mis ojos, eres precioso y yo te amo'".

Stenitta nunca pensó que era hermosa. Al crecer, la gente le decía que su hermana era hermosa y que ella era inteligente. Siempre quiso que la consideraran bella como su hermana y su hermana siempre quiso que la consideraran inteligente como a ella. Debido a lo que alguien le había dicho repetidamente, fue por la vida hasta sus treinta años pensando que no tenía valor para Dios y para los demás porque pensaba que no era hermosa.

Asistió a un tiempo de oración especial con un grupo de compañeros creyentes y alguien oró por ella diciendo: "Dios quiere que sepas lo hermosa que eres para Él, cuánto te ama y te valora y que eres preciosa a sus ojos". Empezó a llorar y se sintió liberada de la mentira de que no era hermosa y por lo tanto no tenía valor para Dios y los demás, esto cambió su vida.

He escuchado historias similares de innumerables mujeres y hombres. Se han sentido feos, sin valor, imperdonables, sucios, culpables, no amados y destrozados. Necesitamos saber y creer lo mucho que DIOS nos ama y nos valora lo suficiente, como para enviar a su hijo a morir por nuestros pecados y reconciliarnos con una relación correcta con Él (Juan 3:16), porque sólo a través de Cristo en nosotros nos ve perfectos. Todo esto debería significar mucho más que lo que otros piensan de nosotros. Créanme, yo fui una de esas mujeres y permití que los demás y el mundo determinaran mi belleza y valor. Me dirigí al pozo de la desesperación con la sensación de que no había salida. Y no la habría tenido si no fuera porque Dios intervino y me mostró cuánto me ama y me valora y yo lo creí y lo acepté.

Realeza

Dios es nuestro Padre y nos ama profundamente como hijos suyos. 2 Corintios 6:18 nos dice: *"Y yo seré para vosotros un padre y vosotros seréis para mí hijos e hijas, dice el Señor Todopoderoso"* y Juan 1:12-13: *"Pero a todos los que le recibieron, a los que creyeron en su nombre, les dio derecho a ser hijos de Dios, que no nacieron de la sangre, ni de la voluntad de la carne, ni de la voluntad del hombre, sino de Dios".*

Porque somos hijos e hijas del Rey, ¡esto nos convierte en realeza!

Isaías 62: 3 nos recuerda: *"Serás una corona de esplendor en la mano del Señor, una diadema real en la mano de tu Dios"* (NVI).

Un bello ejemplo de cómo el saber que somos realeza puede transformarnos profundamente, ocurrió cuando estuve en Kenia llevando a un grupo de mujeres líderes del ministerio de Kenia a un Retiro de Identidad Verdadera. El domingo por la mañana, cuando les hablamos de ser hijas del Rey, una mujer dijo: "Nadie nos había dicho esto antes, ¿es realmente cierto?". Compartí las escrituras que enuncié arriba, para que pudieran subrayarlas en sus Biblias y volver a ellas para que las leyeran una y otra vez.

En Kenia las mujeres suelen ser tratadas como una propiedad, llevan una vida muy difícil, sin derechos y sienten que tienen poco valor, además de ser burros de carga todo el día. Son ellas las que acarrean pesadas jarras de agua desde el arroyo o los pozos, recogen leña para cocinar, preparan todas las comidas, limpian y cuidan de los niños. No tienen todas las comodidades modernas que tenemos nosotras, ni todos los privilegios de las mujeres de los países más desarrollados. También es habitual que los esposos golpeen a sus mujeres y algunas mujeres incluso creen que si sus esposos no las golpean, no las aman realmente.

Así que cuando estas mujeres se enteraron de que eran hijas del Rey, princesas, ¡todo su semblante cambió! Empezaron a presentarse como "princesa tal", a bailar y celebrar. Estaban radiantes de alegría. Una mujer dijo: "Ahora no importa lo que digan de mí, sé que soy la princesa de Dios y que soy hermosa y especial a sus ojos". Otra dijo: "¡Soy tan hermosa a los ojos de Dios que podría ganar cualquier concurso de belleza!". Mi corazón se alegró al ver a estas mujeres abrazar su Identidad Verdadera como preciosas y hermosas hijas del Rey.

Identidad del Reino

Tu verdadera identidad es realmente tu identidad del Reino. En Juan 8:23 se nos dice: *"Pero él continuó: 'Ustedes son de abajo; yo soy de arriba. Ustedes son de este mundo; yo no soy de este mundo".* Y en Juan 18: 36, "Jesús dijo: 'Mi reino no es de este mundo. Si lo fuera, mis siervos lucharían para impedir que me arresten los gobernantes judíos. Pero ahora mi reino es de otro lugar'"* (NVI).

Cuando Dios me reveló mi Identidad Verdadera, la de mi reino, me dio una imagen de un enorme y sucio montón de basura.

Personas demacradas y harapientas escarbaban frenéticamente en la basura tratando de encontrar comida y algo de sustento. Yo estaba en el borde del montón de basura, tratando de encontrar cosas de valor. Dios me habló y me dijo: "¿Por qué sigues rebuscando en la basura cuando deberías estar en el palacio? Estás hecha para vivir en el palacio. Deja de volver al basurero". Me llamó la atención que cada vez que creía una mentira o no me veía como Dios me veía, estaba volviendo al montón de basura (el mundo) y tratando de encontrar mi valor allí, cuando Dios me diseñó para vivir como Su princesa en el palacio, porque he confiado y he sido redimida a través de Cristo, Él me ve hermosa, valiosa, justa, sin culpa, perdonada y libre. Un lugar donde tengo el alimento saludable y el sustento en Él. Necesito vivir en mi identidad del reino, no el terrenal. Estoy en este mundo pero no soy de este mundo. (Juan 17:15 - *"No te pido que los saques del mundo, sino que los guardes del maligno. No son de este mundo, como tampoco yo soy del mundo"*). Mi ciudadanía está en el cielo. (Filipenses 3:20 - *"Pero nuestra ciudadanía está en el cielo. Y allí esperamos ansiosamente a un Salvador, el Señor Jesucristo"*).

Cada vez que una de mis hijas me pregunta: "¿Crees que soy bonita?", yo le respondo con contundencia: "¡Sí!", veo la belleza que Dios ha puesto dentro y fuera de ti. Me rompe el corazón que no lo vean ni lo crean. Debe romper el corazón de Dios diez veces más cuando nosotros, su creación, no lo vemos. Cuando no estamos satisfechos con la forma en que Él nos hizo, estamos diciendo que Él cometió un error. Sentimos que es un error porque no nos vemos, o no somos como el mundo dice que debemos ser. No es el caso de Dios, ya que a través de nuestra confianza y redención en Cristo, somos hermosos y encantadores a sus ojos, hechos con temor y de forma maravillosa (Salmo 139:14).

Dios quiere afirmar en ti que eres SU hijo. Eres de la realeza, precioso, digno, apreciado y muy amado reflejando su gloria.

Imagínate caminando por una alfombra roja: Dios está parado al final de la alfombra con una sonrisa y los brazos extendidos, cuando llegas a Él, te envuelve amorosamente en un abrazo reconfortante y te sientes incondicionalmente y completamente amado y te dice: "Hijo mío, eres mi hijo más preciado. Te quiero".

La carta de amor definitiva

Recuerdo que cuando mi esposo y yo empezamos a salir en Ámsterdam, nos enviábamos notas especiales y cartas de amor. Me encantaba ir al buzón y encontrar una carta de mi persona especial. Mi corazón se aceleraba al abrirla, sabiendo que sus cartas siempre me hacían sentir hermosa, apreciada y amada.

Hay otra carta de amor que recibí y sigo recibiendo a diario, que me reafirma que soy redimida, hermosa, amada y apreciada por Aquel que me conoce mejor. El sabe exactamente qué estímulo necesito, qué exhortación, redirección y guía, afirmación, alabanza, verdad. Es una carta de amor de Dios. La Biblia es la carta de amor de Dios para nosotros.

De *la carta de amor del Padre*, todo de las escrituras:

Mi precioso hijo,

Puede que no me conozcas, pero yo lo sé todo sobre ti (Salmo 139:1). Yo sé cuándo te sientas y cuándo te levantas (Salmo 139:2). Incluso los cabellos de tu cabeza están contados (Mateo. 10:29-31), porque fuiste hecha a mi imagen y semejanza. En mí vives y te mueves y existes, porque tú eres mi descendiente (Hechos 17:28). Te conocí incluso antes de que fueras concebida (Jeremías 1:4-5). NO ERES UN ERROR, pues todos tus días están escritos en mi libro (Salmo 139:15-16). Estás hecha de manera temerosa y maravillosa (Salmo 139:14). Te tejí en el vientre de tu madre (Salmo 139:13). Y te di a luz el día que naciste (Salmo 71:6).

Los que no me conocen me han tergiversado (Juan 8:41-44). Yo no soy distante ni estoy enojado, sino que soy la EXPRESIÓN COMPLETA DEL AMOR (1 Juan 4:16) y es mi deseo derrochar MI AMOR SOBRE TI, simplemente porque TÚ ERES MI HIJA y yo soy tu Padre (1 Juan 3:1). Te ofrezco más de lo que tu padre terrenal podría ofrecerte (Mateo 7:11), porque YO SOY EL PADRE PERFECTO (Mateo 5:48).

Todo buen regalo que recibes viene de mi mano (Juan 1:17). Porque yo soy tu PROVEEDOR y satisfago todas tus necesidades (Mateo 6:31-33). Mi plan para tu futuro siempre ha estado lleno de esperanza (Jeremías 29:11), porque te amo con un amor eterno (Jeremías 31:3). Mis sentimientos hacia ti son infinitos como la arena en la playa (Salmo 139:17-18) y me alegro por ti con cantos (Zacarías 3:17). Nunca dejaré de hacer el bien para ti (Jeremías 32:40), porque tú eres mi tesoro (Éxodo 19:5).

Deseo plantarte en esta tierra con todo mi corazón y con toda mi alma (Jeremías 32:41) y quiero mostrarte cosas grandes y maravillosas (Jeremías 33:3). Si me buscas con todo tu corazón, me encontrarás (Deuteronomio 4:29), Yo soy capaz de hacer por ti más de lo que puedas imaginar (Efesios 3:20). Yo soy el mayor apoyo (2 Tesalonicenses 2:16-17) y soy el Padre que te reconforta en todos tus problemas (2 Corintios 1:3-4). Cuando tengas el corazón roto, yo estaré cerca de ti (Salmo 34:18). Como un pastor lleva un rebaño, yo te llevo cerca de mi corazón (Isaías 40:11) y un día secaré toda lágrima de tus ojos y te quitare todo el dolor que has sufrido en esta tierra (Apocalipsis 21:3-4).

Yo soy tu Padre y te amo como amo a mi hijo Jesús (Juan 17:23), porque en JESÚS, mi amor por ti se revela (Juan 17:26), Él vino a demostrar que Yo estoy a favor de ustedes, no en contra (Romanos 8:31) y a decirte que no cuento tus pecados. Jesús murió para que tú y yo pudiéramos estar juntos (2 Corintios 5:18-19), su muerte fue la última expresión de amor por ti (1 Juan 2:23), renuncié a quien más amaba para ganar tu amor (Romanos 8:31-32) y nada te separará de mi amor otra vez (Romanos 8:38-39). Vengan a casa y haré la mayor fiesta que el cielo haya visto (Lucas 15:7). YO SIEMPRE HE SIDO TU PADRE (Efesios 3:14-15).

TE ESTOY ESPERANDO (Lucas 15:11-32).

Eres AMADA... (Juan 17:23).

Eres PERDONADA... (Lucas 7:47).

Eres PRECIOSA (Isaías 43:4) ...
Y ERES MÍA... (Isaías 43:1).

Con amor, tu papá,
Dios Todopoderoso

Recuerda que tu Identidad Verdadera es la de hija de EL Rey. ¡Él quiere mostrarte y celebrar una vida libre y abundante contigo! ¡Quítate esa maleta y ve a celebrar con Dios!

Antes de continuar leyendo

1. ¿Has confiado y has sido redimido en Cristo? ¿Te ves como hijo de Dios? ¿Sabes en tu interior cuánto te ama? Si no es así, ¿qué te impide abrazar esa verdad? Ora ahora mismo para que Él solidifique Su amor por ti en tu corazón y te libere de cualquier cosa que te esté impidiendo creerlo.

2. ¿De qué manera el saber quién y de quién eres realmente como hijo del Rey, cambia la forma en que te ves a ti mismo e impacta la manera en que vives tu vida?

3. ¿Qué parte de la "Carta de Amor del Padre" te habla especialmente? ¿Por qué?

4. Tómate un momento y en la parte de atrás de este libro escribe las verdades que contrarrestan las mentiras que has creído y sobre quién eres en Cristo en la página con el dibujo del espejo.

ORACIÓN SUGERIDA

Querido Padre Celestial, te alabo porque soy una "Corona de esplendor en tu mano", precioso a tus ojos, atesorado y apreciado como tu hijo. Continúa moldeándome y dándome forma a semejanza de Cristo y libérame de cualquier cosa que me impida abrazar tu verdad y tu amor. Ayúdame a caminar con confianza sabiendo que soy tu hijo atesorado. En el nombre de Jesús. ~ Amén.

Capítulo 14
Abrazando tu Identidad Verdadera

Quiero profundizar con Dios y aprender a caminar totalmente en la VERDAD con Él y oro para poder inspirar a otros a hacer lo mismo.

Cuanto más nos enamoremos de Jesús, menos pensaremos en nosotros mismos. Cuando nos centramos en Él, nos llena, nos da un propósito y una perspectiva adecuada, una profunda alegría y amor por los demás. Él nos ayuda a ver el mundo a través de Sus ojos. Cuando sabemos cuánto nos ama, quiénes somos en Él, que estamos seguros en Él, ya no necesitamos tratar de manipular a las personas, juzgarlas o rebajarlas para sentirnos mejor con nosotros mismos. Podemos regocijarnos en lo que Dios hizo que fueran. Podemos animar a la gente, estar genuinamente felices por las cosas que Dios está haciendo en sus vidas, ser nosotros mismos alrededor de ellos, perdonarlos y fortalecerlos. El perdón trae libertad y esta libertad produce relaciones libres.

"Soy mi peor enemiga", me decía mi hija. Odiaba que se encerrara en sí misma y que fuera dura con ella. Cuando no estaba a la altura, se destrozaba verbalmente. Tuvo sus batallas durante la pubertad y la adolescencia, sufrió mucho rechazo y luchó por estar en paz con su cuerpo y su personalidad.

Nos mudamos muchas veces durante su infancia y siempre se sentía como la "niña nueva del barrio", sin encajar y justo cuando hacía nuevos amigos, nos mudábamos o ella iba a una nueva escuela. Siempre se sintió como si estuviera en el exterior mirando hacia adentro. Se esforzaba cada vez más por demostrar su valor a los demás, queriendo ser la mejor y hacerse notar. No le gustaban esas cosas de sí misma y sólo quería liberarse del "yo" que había en ella.

Ahora ella está descubriendo las cualidades únicas y especiales que Dios ha entretejido en su vida como resultado de todo lo que ha pasado. Él la está preparando para Sus propósitos en su vida y está aprendiendo a dejar ir su pasado y a confiar en Él para que le traiga sanación y confianza en quien Él la hizo ser. Ella también se está convirtiendo en un hermoso cisne.

Relaciones redimidas

Muchas peleas pueden ocurrir en las familias cuando Dios no está en el centro, cuando las relaciones operan desde un lugar pecaminoso, egoísta y destruido, en lugar de hacerlo desde la libertad en Cristo. Mi familia no era una excepción. Aunque mi madre nos llevó a los tres hermanos a la iglesia y estoy agradecida por un fundamento divino en mi vida, crecí en *un hogar religioso*, no en *un hogar centrado en Cristo*. Todos operábamos con pensamientos, acciones, ataduras y fortalezas mundanas.

Mi padre, atrapado en la mentira del "Sueño Americano", era un adicto al trabajo que buscaba convertirse en uno de la élite de nuestra ciudad, atrapado por la pornografía y emocionalmente distante. La identidad de mi madre se basaba en mantener su belleza (magnificada por la adicción a la pornografía de mi padre) y en ser una madre totalmente entregada. Se sintió sola cuando nos hicimos más independientes y fuimos a la universidad y se refugió en el alcohol para adormecer su dolor. Mi hermano mayor ansiaba la aprobación de mi padre y trataba de conseguirla esforzándose por ser el mejor en los deportes, la escuela y el trabajo, al igual que nuestro padre en la vida. Recurrió a las drogas para adormecer su dolor y su sensación de rechazo. Mi hermano menor gozaba de la simpatía de todos y era el "niño de oro" de nuestra familia. Pero él también ansiaba la aprobación de nuestro padre y perseguía con todas sus fuerzas el mismo "sueño americano", pensando que así se ganaría la admiración de nuestro padre y se sentiría realizado. Dos años después de la muerte de mi madre, mi padre se volvió a casar y su nueva esposa llegó con su propio legado disfuncional que afectó profundamente a nuestras dos familias. Cuando mis hermanos y yo nos casamos, esas relaciones se sumaron a la dinámica familiar y a la disfunción. Realmente éramos un grupo lamentable y desastroso.

Como solía decir el presentador de radio Paul Harvey, quiero compartir "el resto de la historia" porque servimos a un Dios poderoso y amoroso y sólo Él puede rescatarnos de nosotros mismos y de nuestras ataduras y fortalezas llenas de pecado y redimir las relaciones.

Dios me rescató primero en nuestra familia y a medida que crecía en mi fe y en la comprensión de la obra santificadora de Cristo en mi propia vida, junto con la aceptación del poder de la oración, el perdón y la identidad verdadera en Cristo, comencé a orar para que mi familia llegara a la salvación y también fuera liberada de las ataduras y fortalezas en las que estaban encerrados y que la relación que tenía con cada uno fuera sanada y restaurada.

Una a una, Dios redimió milagrosamente cada una de estas relaciones. Dios me permitió vivir en casa los últimos nueve meses de la vida de mi madre, dándonos muchos días especiales juntas leyendo la Palabra de Dios, compartiendo sobre Cristo y hablando del cielo. Vi a mi madre dejar atrás años de culpa y depresión y abrazar la esperanza del cielo.

Tras el fallecimiento de mi madre, mi padre y yo nos acercamos mucho más a través del dolor compartido. También dejé atrás años de expectativas insatisfechas y perdoné a mi padre por muchas heridas. Mientras él buscaba a Dios en los últimos años de su vida, pude testificarle con amor y llevarlo a Cristo dos semanas antes de que falleciera. Mientras leíamos y orábamos en Romanos 10:9 (*si confiesas con tu boca que Jesús es el Señor y crees en tu corazón que Dios lo resucitó de entre los muertos, serás salvo*) le pidió a Jesús que fuera el Señor y Salvador de su vida. Más tarde, esa misma noche, dijo que sentía una paz que nunca antes había sentido y ya no tenía miedo de morir.

No podía creer que después de casi treinta y cinco años de orar, ahora estaba teniendo conversaciones profundas y centradas en Cristo con mis hermanos. La relación con mi hermano mayor fue sanada a través del perdón y nació una nueva relación como hermano y hermana en Cristo. Ahora tenemos un amor genuino y nos preocupamos el uno por el otro, oramos el uno por el otro y amamos los momentos en que podemos estar juntos. Siempre estuve cerca de mi hermano menor, pero ahora tenemos una conexión aún mayor a través de nuestro amor compartido por el Señor. Los tres estamos en algún tipo de trabajo ministerial hoy en día.

Dios redimió la relación profundamente fracturada con mi madrastra después de muchos años de malentendidos y no hablarnos durante cuatro años. Gracias a que Dios derramó su amor por mi madrastra a través de mí, los muros de amargura se derrumbaron y se estableció una nueva relación de amor. A menudo hablábamos por teléfono y siempre terminábamos nuestras conversaciones con un "¡Te amo!".

No sólo Dios redimió las relaciones familiares, sino que después de pasar tantos años de soledad, al liberarme en mi Identidad Verdadera en Él, ¡me bendijo con numerosas amistades especiales! Siento que Dios ha cumplido graciosamente la promesa de Joel 2:25 en mi vida: "Te devolveré los años que la langosta ha comido."

Un enfoque hacia arriba y hacia afuera

La otra cosa maravillosa que sucede cuando abrazamos nuestra Identidad Verdadera en Cristo es que podemos ser sanados y liberados de un enfoque interno y absorbido por nosotros mismos, a un enfoque hacia arriba y hacia afuera como Jesús nos ordenó hacer. (Lucas 10:27 - *"Ama a tu prójimo como a ti mismo"*). Cuando estamos constantemente absortos en nuestros propios problemas y encerrados en una actitud de "ay de mí", no somos libres para ocuparnos de los asuntos del reino de Dios. Estamos demasiado ocupados pensando en nosotros mismos para tener tiempo de pensar en Dios y mucho menos en otras personas. Sentimos que "todo se trata de mí, cuidar del número uno".

Hay una gran alegría y satisfacción que viene en ayudar a otros a entender cuánto Dios los ama y desea llamarlos suyos. Podemos ser libres para ayudar a cuidar de sus necesidades físicas, pero aún más importante son sus necesidades espirituales. Ya no se trata de nosotros; ¡se trata de ÉL y de tener nuestro propósito e identidad en Él! Como dice John Piper, "Dios es más glorificado en nosotros cuando estamos más satisfechos en Él".

Cuando abracé mi Identidad Verdadera en Cristo y *realmente lo creí*, reconocí que no soy digna lejos de mi vida en Él. Me liberé de las cadenas del orgullo, de buscar la aprobación de los demás, del miedo al rechazo y de la preocupación. Crecí para ser feliz y aceptar la forma en que Dios me hizo, sabiendo que fue con un gran propósito y no un error. Fui capaz de confiar en Dios con seguridad sabiendo que Él me daría todo lo que necesitaba para salir de mis zonas de confort y hacer todo lo que Él me estaba llamando a hacer. Me regocijo de que ahora estoy abierta a ir a donde sea que Dios me lleve para compartir con otros alrededor del mundo cómo abrazar su Identidad Verdadera en Cristo. Cuando me miro en el espejo todavía veo la cicatriz, pero ahora es un recordatorio de SUS cicatrices y de lo mucho que me ama y del precio que pagó para que yo pudiera vivir en la eternidad con Él. Ya no veo el patito feo, veo un cisne, un cisne santificado. ¡Estoy VIVA, AMADA, PERDONADA, SANADA, y LIBRE!

Antes de continuar leyendo

1. ¿De qué manera el hecho de abrazar plenamente nuestra Identidad Verdadera en Cristo cambia nuestra visión de los demás y de nosotros mismos?

2. ¿Cómo el ser libre en tu Identidad Verdadera te ayuda a ser libre en tu relación con los demás?

3. ¿Qué cosas puedes hacer para tener un mayor enfoque hacia arriba y hacia afuera? ¿A quiénes de tu entorno puedes ayudar hoy?

4. ¿Puedes contar una historia de cómo Dios redimió una relación en tu vida?

5. Ora por las relaciones en tu vida que necesitan ser redimidas y confía en que Dios hará una obra poderosa en cada una de ellas. Pídele a Dios que te dé todo lo que necesitas para hacer tu parte en la obra que Él tiene para traer reconciliación y sanación.

ORACIÓN SUGERIDA

Querido Padre Celestial, ayúdame a abrazar plenamente mi verdadera identidad en Ti, confiando en que me ayudarás a "superarme" y a ser libre para ser todo lo que has creado y diseñado para mí. Ayúdame a centrarme en Ti, a deleitarme en el trabajo que tienes para mí y a ser más consciente de las necesidades de los que me rodean. Gracias Señor, que en ti estoy plenamente vivo, amado, perdonado, sanado y libre en mi verdadera identidad. En el nombre de Jesús ~ Amén

¡Jesús primero, los demás después, y tú de ultimo!

~ Linda Byler, *Running Around (And Such)*

Capítulo 15
Caminando en tu Identidad Verdadera

El nivel de éxito de caminar en libertad en tu Identidad Verdadera, depende del nivel de intimidad en tu relación con Cristo.

A menudo, después de haber experimentado la cima de una montaña con Dios y haber roto las cadenas de la esclavitud, somos fácilmente absorbidos por la rutina diaria y nos encontramos volviendo a los viejos patrones de pensamiento y hábitos. Escuchando y recibiendo las mismas viejas mentiras. Volviendo a cargar con las maletas. El enemigo va a hacer todo lo posible para convencerte de que tu libertad es sólo temporal y que la Palabra de Dios no es realmente verdadera. Caminar en tu Identidad Verdadera y permanecer libre en Cristo puede ser un reto difícil, pero posible.

Enrollar versus Enchufar

Cuando era joven, los juguetes de cuerda eran muy populares. Yo tenía un cochecito al que le daba cuerda, lo ponía en el suelo, lo soltaba y lo veía correr por la habitación hasta que se quedaba sin "gasolina" y se paraba. Le daba cuerda y lo repetía una y otra vez. Compara ese juguete de cuerda con un juguete que se enchufa.

Lo enchufas, lo enciendes y funcionará mientras haya corriente, puedes jugar durante horas, días si quieres, sin tener que parar y volver a encenderlo.

Caminar en tu Identidad Verdadera puede ser como el juguete de cuerda. Nos damos cuerda a nosotros mismos, "FE, FE, FE, FE", y a medida que el día avanza y las cosas difíciles nos bombardean, "fe, fe, fe", tu fe disminuye y se agota. La preocupación y el miedo empiezan a entrar de nuevo. Nos damos cuerda cada día y salimos al mundo con nuestras propias fuerzas y cuando nos quedamos sin fuerzas nos sentimos desanimados y derrotados, cayendo de nuevo en el pozo.

Necesitamos conectarnos a una fuente de energía continua.

Juan 15:4-5 nos dice: *"Permaneced en mí y yo en vosotros. Como el sarmiento no puede dar fruto por sí mismo, si no permanece en la vid, así tampoco vosotros, si no permanecéis en mí. Yo soy la vid, vosotros los sarmientos. El que permanece en mí y yo en él, ése es el que da mucho fruto, porque sin mí no podéis hacer nada".* No tenemos que fabricar nosotros mismos la fuente de poder. Todo lo que tenemos que hacer es PERMANECER (conectarse) en Cristo (ser una rama). El poder viene a través de Él, la vid, a nosotros. Si el sarmiento es cortado de la vid, se marchita y muere. Cuando nos separamos de Dios, nos marchitamos y morimos.

Reconocer la voz

Una parte muy significativa de permanecer en Cristo y caminar en libertad en nuestra Identidad Verdadera es escuchar a Dios hablándonos. Algunas personas me preguntan: "Jennifer, tú hablas mucho de que Dios te dice cosas, te da guía y dirección, ¿Cómo lo escuchas y cómo sabes que es Él quien te habla?, yo no siento que Dios me hable". Juan 10:1-5 nos habla de las ovejas y el Buen Pastor y de aprender a reconocer la voz: *"En verdad, en verdad os digo que el que no entra en el rebaño de las ovejas por la puerta, sino que entra por otro camino, ese hombre es un ladrón y un salteador. Pero el que entra por la puerta es el pastor de las ovejas. A él le abre el guardián de la puerta. Las ovejas oyen su voz y él llama a las suyas por su nombre y las guía hacia fuera. Cuando ha sacado a todas las suyas, va delante de ellas y las ovejas le siguen, porque conocen su voz. No seguirán a un extraño, sino que huirán de él, porque no conocen la voz de los extraños".*

Cuando pregunto: "Cuando alguien te llama por teléfono, ¿sueles saber quién es por su voz?". Me responden: "Sí, conozco la voz *de los que conozco bien".* Lo mismo ocurre con nuestro Padre Celestial, el Buen Pastor. Dios está hablando todo el tiempo, tenemos que llegar a conocerlo tan bien que reconozcamos su voz, igual que con un buen amigo. Al desarrollar una relación íntima con el Señor, permaneciendo en Él, estaremos más sintonizados y conscientes de cuándo nos habla y cómo nos habla. Después de años de caminar con el Señor y de crecer en una relación íntima con Él, ahora reconozco fácilmente su voz frente a las mentiras del enemigo o mis propios pensamientos. Él me habla principalmente a través de Su Palabra, la Biblia, las imágenes que me da en mi mente, los pensamientos/promesas, las circunstancias, a través del Espíritu Santo que vive en mí y es el guardián de mi espíritu y mi alma y a veces a través de otros o algo que leo.

Por ejemplo, durante mis tiempos de silencio con el Señor o si tengo una situación en la que realmente necesito Su guía, estos son algunos pasos que tomo para ayudarme a escuchar la voz de Dios:

1. *Tranquilizarme.* (Salmo 46:10) Busco un lugar cómodo, me desconecto de la tecnología y detengo todo el "ruido" que me bombardea constantemente. A menudo habla a través de una voz tranquila y silenciosa y de un testimonio interno de mi Espíritu. A veces pongo música instrumental tranquila. Si estoy en el coche, apago la radio.

2. *Oro y leo las Escrituras* (Salmo 143:8 y 10, Salmo 119:105) y le pido al Señor que me hable (Daniel 10:19), que me dé su sabiduría (Prov. 2:6), su entendimiento (1 Corintios 2:16) y su comprensión (1 Juan 5:20) y que me guíe a cualquier escritura que pueda hablarme en la situación. Algunas veces Él me dirigirá a leer ciertas escrituras, otras veces estoy leyendo cierto libro de la Biblia, y pasajes específicos me ministrarán. Si no tengo mi Biblia conmigo, le pediré al Señor que me traiga a la mente cualquier escritura que me ayude en la situación (por eso también es tan importante CONOCER la Palabra de Dios). Él me recordará Su verdad o entendimiento, sabiduría, comprensión a través de la escritura y/o conociendo Su carácter. También me hablará a través de un devocional que leí durante mi tiempo de silencio con Él u otro libro que esté leyendo.

3. *Enfocar mis pensamientos en Jesús* (Salmo 145:5) Cierro los ojos y pienso en Jesús. Pienso en su carácter, en su amor por mí, me imagino con Él, caminando con Él, hablando con Él, simplemente estando con Él. A menudo me da imágenes mientras hago esto y suele ser una experiencia pacífica.

4. *Escucharlo* (Habacuc 2:1) Permanezco en silencio y escucho lo que Él me dice a través del Espíritu Santo. No me detengo a analizarlo ni a cuestionarlo, simplemente sigo la corriente. Trato de dar el tiempo suficiente para escuchar todo lo que Él tiene que decirme.

5. *Escribirlo* (Habacuc 2:2) Me encanta llevar un diario y

escribir las escrituras que me hablan, lo que Dios me está enseñando a través de ellas y lo que escucho que me dice. Escribo en mayúsculas en mi diario lo que escucho de Dios. Entonces es fácil para mí saber cuándo vuelvo a leer las entradas de mi diario, lo que escribí y lo que escuché que Dios me habló. Entonces pruebo lo que escuché contra la Palabra de Dios y Su carácter para saber qué es de Él y qué es de mi propio pensamiento analítico. Cuanto más haga esto, más fácil será distinguir la voz de Dios de la suya propia o de la del enemigo.

También hay veces que estoy haciendo mi día como de costumbre y de repente "escucho" algo en mi cabeza, o siento un fuerte impulso sobre algo, como: "Llama a fulano", "Consigue esto para alguien y llévaselo", "Envía un mensaje de texto a tu hija con una palabra de aliento ahora mismo". Cuando estoy segura de que es Dios quien me habla, tengo que hacer lo que me pide confiando en que ÉL conoce el propósito que hay detrás, aunque parezca una tontería o no tenga sentido. Al seguir estas indicaciones, a menudo encuentro que soy la respuesta a la oración de otra persona o un estímulo en el momento en que más lo necesita.

Comunicación en dos direcciones

Otra parte importante de tener una relación íntima con Dios y una comunicación de dos vías es entregar tu corazón a Él y hacerle preguntas. David hizo mucho de esto en los Salmos. Yo lo hago todo el tiempo, a menudo le pido que me guíe, que me dé sabiduría, que me comprenda, que me ayude a lo largo de todo el día. Hablo con Él como si estuviera sentado a mi lado. A veces no escucho nada ni obtengo una respuesta clara de inmediato. En algunas situaciones he tenido que esperar, a veces días o semanas, pero si no escucho nada o tengo un "bloqueo en mi espíritu acerca de algo" (siento intranquilidad o falta de paz), espero. Dios siempre trae una respuesta en SU tiempo perfecto. Es tan fácil adelantarse a Dios y operar en nuestro propio pensamiento y fuerza en lugar de ir a Él y esperar en Él.

Nuestra junta ministerial y los equipos de eventos siempre comienzan nuestras reuniones con una oración de escucha. Vamos a Dios, el "entrenador" del plan de juego primero y le pedimos que nos dé sabiduría, su espíritu, su unidad y que nos muestre cuál es su voluntad en un conjunto de diferentes circunstancias o situaciones. Luego, a menudo nos quedamos en silencio y escuchamos antes de compartir con los demás lo que sentimos que Dios nos está diciendo. Es realmente maravilloso ver cómo todo encaja y estamos unificados en nuestro sentido de cómo Él nos está guiando. Cuando acudimos a Él primero, Él guía nuestro pensamiento, discusión y planificación para que estén en línea con Su voluntad, en lugar de planificar y pedir a Dios que bendiga nuestros planes.

Cuando tú permaneces y caminas en una relación cercana e íntima con el Señor puedes estar hablando con Él y escuchando sus palabras durante todo el día. ÉL tiene el plan para tu vida (Jeremías 29:11). ÉL sabe de qué va a tratar tu día y cuáles son sus intenciones en El. Acude a Él y pregúntale cuál es el plan, no tienes que averiguarlo; sólo necesitas estar en estrecha relación con Él y seguir el plan. Es tan liberador estar en este tipo de relación con el Señor. Recuerda que *las ovejas conocen su voz*, deja que ÉL sea tu Buen Pastor, tu guía de vida, que sólo desea lo mejor para ti y que no te desviará ni te hará daño.

Puede llevar algún tiempo aprender a reconocer y escuchar a Dios hablándote, pero, como toda buena amistad, crecerá y se profundizará cuanto más tiempo pasen juntos. Recuerda que Dios quiere hablarte y que tú le escuches. Sigue los pasos sugeridos arriba para ayudarte a empezar a escuchar y oír de Él.

Caminando en nuestra Identidad Verdadera

Caminar diariamente en nuestra Identidad Verdadera en Cristo es difícil. De hecho, a menudo es imposible y cuanto más tratemos de hacerlo con nuestras propias fuerzas, más frustrados nos sentiremos. Jesús es el único que ha vivido la vida cristiana perfecta y es el único que puede vivirla hoy. La buena noticia es que Él quiere vivirla a través de nosotros. Él nos ha dado todo lo que necesitamos para caminar una vida alegre, libre y victoriosa.

Toma estos pasos para ayudarte a crecer más cerca de Él y continuar permaneciendo y caminando diariamente con Él en tu Identidad Verdadera en Cristo:

- **ALABA Y ADORA A DIOS.** Mantén tus ojos enfocados en Él. Es difícil permanecer triste y preocupado cuando estás cantando o alabando a Dios. La Biblia nos dice que *"por medio de él, ofrezcamos continuamente a Dios un sacrificio de alabanza, es decir, el fruto de labios que reconocen su nombre"* (Hebreos 13:15). Pon música de alabanza en el coche mientras vas al trabajo o haces las tareas domésticas en casa. Pedro empezó a hundirse mientras caminaba hacia Jesús en el agua cuando miró las olas que le rodeaban los pies. Cuando nos centramos en nuestras circunstancias en lugar de centrarnos en nuestro poderoso y amado Dios, nos "hundiremos". No te enfoques en el enemigo, enfócate en nuestro Glorioso Dios.

• **QUÉDATE EN LA PALABRA DE DIOS DIARIAMENTE.** ¡Sigue saturando tu mente con Su VERDAD! (¿Recuerdas el ejemplo del dinero falso?) Juan 8:31-32 nos dice que si permanecemos en Su palabra, somos verdaderamente Sus discípulos y conoceremos la VERDAD y la VERDAD nos hará libres. Si no conocemos la verdad seguiremos siendo esclavos de la mentira y de la esclavitud. Comienza cada día con la Palabra de Dios, ora y pregúntale cómo quiere hablarte a través de Su Palabra. La Biblia es viva y activa (Hebreos 4:12), no es un libro muerto con sólo palabras, es una mina de oro de verdad y sabiduría en cómo manejar cualquier situación de la vida que estés enfrentando en este momento y te dará la fuente de poder para seguir caminando en libertad.

• **TEN UN TIEMPO DE SILENCIO CON EL SEÑOR CADA DÍA.** Sigue los pasos para escuchar la voz de Dios como los mencionados anteriormente. Una parte clave de tu tiempo de silencio es estar en la Palabra de Dios todos los días. También puedes incluir la lectura de un devocional, un libro cristiano inspirador, cantar y siempre debes incluir la oración. Encomienda tu día al Señor, pídele que te guíe y te conduzca y que te dé sabiduría en tus acciones, palabras y elecciones. Pídele que te dé lo que necesitas para amar y bendecir a otros en tu día, para tener SU perspectiva en las situaciones en las que estás. Ora para ponerte la armadura, visualízate a ti mismo haciéndolo para que salgas " Vestido de Justicia" y en oración. Puedes orar y hablar con Dios todo el día, pero a menudo es crucial comenzar nuestros días con un enfoque intencional en el Señor. Incluso si sólo tienes cinco minutos, comienza tu día con Él.

- **SABES QUE NO ES UNA SOLUCIÓN RÁPIDA Y QUE DEBE SER UN PROCESO CONTINUO.** Sé paciente con el tiempo de Dios y no olvides que estas en una guerra con Satanás por tu libertad. Pero sabes que Dios ya ha ganado la guerra y te dará todo lo que necesitas para ganar cada batalla.

- **PONTE TU ARMADURA ESPIRITUAL** *TODOS LOS DÍAS.* Todo soldado necesita protección. Efesios 6:11-18 describe cada pieza de la armadura que se nos ha dado en Cristo. Nota: necesitas ponerte TODA la armadura, no solo parte de ella:

  o Cinturón de la verdad (v 14)

  o Coraza de justicia (v 14) protege tu corazón y órganos vitales

  o Calzado, la disposición dada por el evangelio de la paz (v15)

  o Escudo de la fe (v16) para desviar los dardos ardientes (mentiras) del enemigo

  o Casco de salvación (v17), protege tu mente

  o Espada del Espíritu - La Palabra de Dios (v17) Corta cualquier enemigo con la verdad

  o Oración (v 18) orando en todo momento en el Espíritu. Mantiene toda la armadura unida

  Póntelo, utilízalo, aplícalo. No salgas a la batalla desnudo y desprotegido.

- **BORRA LAS MENTIRAS CON LA VERDAD DE DIOS.** Cuando Satanás llame a tu puerta, recuerda que Jesús debe responder. Responde a las mentiras con la verdad de Dios.

Sigue usando la goma de borrar de la verdad de Dios y las mentiras que han causado heridas profundas y daños serán borradas. A algunas personas les resulta útil pegar las escrituras en el espejo del baño, o tenerlas en el coche y en el bolso. Memoriza las verdades de las escrituras para que las conozcas y estés armado y preparado para cortar y contrarrestar cada mentira.

- **CONFÍA EN QUIÉN Y DE QUIÉN ERES EN CRISTO, Y EN QUIÉN ES ÉL EN TI.** Como nos dice Romanos 8:37, *"Somos más que vencedores por medio de aquel que nos amó".* Al recordarnos nuestra posición en Cristo y quién es Él en nosotros, tendremos más confianza en ser nosotros mismas, en ser reales, en ser libres. Él nos ha dado todo lo que necesitamos al poner Su Espíritu en nosotros para que caminemos diariamente en victoria y libertad. ¡Créelo!

- **ESTUDIO BÍBLICO, GRUPO PEQUEÑO, GRUPO DE AMISTAD, COMPAÑERO DE CONFIANZA.** Participa en un estudio bíblico regular. Esta es una manera maravillosa de aprender más sobre la Palabra de Dios, crecer en la fe y confiar en Él. Únete a un grupo pequeño o a un grupo de amigos y ten un compañero que te ayude a ser más fuerte. No estamos destinados a recorrer estos caminos solos. Necesitamos edificar la fe de los demás, animarnos unos a otros, orar unos por otros y ayudarnos unos a otros a caminar en nuestra Identidad Verdadera.

- **TEN UN ENFOQUE HACIA ARRIBA Y HACIA AFUERA.** Levanta la cabeza, mantén tus ojos enfocados hacia arriba en el Señor, míralo a Él en todas las cosas. Él te liberará de ti mismo y estarás disponible para servirle. Dios nos dice en 1 Corintios 12:7 que a cada uno de nosotros se nos da un don del Espíritu para el bien común y para edificar el Cuerpo de Cristo. Ora y pide al Señor que te muestre cómo te ha dotado. "Dios no llama a los equipados, Él equipa a los llamados". Usa los dones que Él te da y sirve en tu iglesia, ministerio y comunidad. Sé sus manos y pies para un mundo perdido y herido. Serás bendecido cuando bendigas a otros.

Aquí también hay una "Lista de verificación para caminar en tu Identidad Verdadera" que mi amiga Debbie Jones preparó.

Lista de comprobación para caminar en tu Identidad Verdadera

✔ Reconoce tus sentimientos y tu situación. Lleva tu queja al Señor.

✔ Escucha a Dios.

✔ Medita cada día en Su Verdad en Su Palabra.

✔ Alabanza y acción de gracias - Filipenses 4:8.

✔ Vigila lo que colocas en tu mente o lo que permites que permanezca allí (2 Corintios 10:5).

✔ Guarda tu corazón recordando que lo que entra en tu corazón sale de tu boca (Mateo 15:16-20, Salmo 41:6, Proverbios 18:21).

✔ Las palabras tienen poder, úsalas sabiamente (Proverbios 15:4, Santiago 3:5-6, 8-9).

✔ Busca sabiduría y entendimiento antes de actuar, como hizo Jesús antes de limpiar el templo.

✔ Confiesa y arrepiéntete.

✔ Perdona.

✔ Toma autoridad sobre el enemigo, usa las llaves que Jesús nos dio (Mateo 16:19, Lucas 10:19).

✔ Ponte toda la armadura de Dios cada día (Efesios 6:10-20).

✔ Avanza con fe en lo que Dios te está diciendo y guiando a hacer.

Ayuda para el camino

Mira algunos de los recursos en la parte posterior de este libro. Utilízalos como herramientas para ayudarte a aprender más sobre tu tipo de personalidad, trabajar en el proceso de identificar las mentiras, renunciar a ellas, contrarrestarlas con la verdad y abrazar tu Identidad Verdadera en Cristo.

Periódicamente puedes necesitar volver a revisar algunos de los principios expuestos en este libro. Puede haber momentos en los que ciertos asuntos resurjan y podría ser útil abordarlos a la luz de algunas de las verdades bíblicas que se encuentran en este libro.

Recuerda que Dios nos ha dado TODO lo que necesitamos para caminar en libertad y victoria. Anímate con estas palabras en Hebreos 12:1-2, *"Por lo tanto, ya que estamos rodeados de una nube tan grande de testigos, despojémonos también de todo peso y del pecado que nos aferra y corramos con perseverancia la carrera, que tenemos por delante, puestos los ojos en Jesús, el fundador y perfeccionador de nuestra fe, quien por el gozo que le fue propuesto soportó la cruz, menospreciando la vergüenza, y está sentado a la derecha del trono de Dios."*

Llegar a tener más confianza en tu Identidad Verdadera y caminar diariamente en ella lleva tiempo. Cada vez que sientas que el enemigo vuelve a arrastrarte y a minar tu confianza e identidad, recuerda todo lo que el Señor te ha enseñado y ayudado al leer este libro y Su Palabra. Vuelve a esto, a su verdad y recuérdate a ti mismo que no necesitas vivir con miedo, Él te dará todo lo que necesitas para caminar en la victoria. Eres un hijo profundamente amado y redimido por el Rey!

RECORDAR:

CONOCER - Cómo te hizo Dios.

REFLEJAR - Verte en el espejo de Dios como ÉL te ve.

RECONOCER - Las mentiras que has estado creyendo.

ARREPENTIRTE - De los pensamientos y el comportamiento que las mentiras llevaron a ser perdonado a través de la salvación en Cristo.

RENUNCIAR - A las mentiras.

SUSTITUIR - Las mentiras con la VERDAD de Dios.

RENOVAR - Transformarte por medio de la renovación de tu mente.

RESTAURAR - Restaurar las relaciones a través del perdón.

LIBERAR - Ser todo lo que Dios quiere que seas.

RESULTADO - Eres una NUEVA CREACIÓN en Cristo (Como alguien que se ha rendido y ha aceptado a Cristo como Salvador y Señor) - Libre en tu IDENTIDAD VERDADERA.

ALÉGRATE - ¡Eres un hijo del REY!

De patitos feos a cisnes. De la esclavitud a la libertad. De un enfoque hacia adentro a un enfoque hacia arriba y hacia afuera - vasijas abiertas para hacer el trabajo del Reino de Dios.

Antes de continuar leyendo

1. ¿Estás "dándote cuerda" cada mañana o " conectándote" a la fuente de energía?

2. ¿Qué pasos puedes dar para pasar de "esforzarte" a "permanecer"?

3. ¿Oyes que Dios te habla? Si no es así, ¿qué pasos puedes dar para familiarizarte más con la voz del Pastor y escucharlo más claramente? ¿Cómo te habla Él?

4. ¿Quién es tu guía? ¿Hay áreas en tu vida en las que necesitas confiar en el Señor, en vez de en el mundo, para que te guíe?

5. ¿Hay algún paso de la lista de verificación "Caminando en tu Identidad Verdadera" en el que sientas que necesitas mejorar? ¿Qué puedes hacer ahora para empezar a incorporarlos en tu rutina diaria o semanal?

6. Revisa este capítulo con frecuencia para tomar tu "temperatura espiritual" y animarte en las formas de mantenerte conectado y profundizar tu relación con Cristo, permitiéndote experimentar más libertad en tu Identidad Verdadera en Él.

7. Recuerda quién y de quién eres realmente, cuánto te ama y te aprecia Dios y que nunca estás solo.

ORACIÓN SUGERIDA

Padre,
ayúdame a quitarme la máscara.
Ayúdame a colocar mi mano en la tuya y
ceder las partes de mí mismo que he
protegido con tanto cuidado.
Gracias porque no tengo que ser nadie más que
quien Tú creaste que fuera.
Ayúdame a descubrir quién soy,
te doy paso Espíritu Santo.
Muéstrame mi IDENTIDAD VERDADERA –
todo lo que soy en Ti.
Dame el valor para cambiar aquellas cosas
que me impiden ser real.
Gracias porque me aceptas como soy
y porque nunca me dejarás.
Ayúdame cada día, Señor, a convertirme más
en la persona que Tú creaste para ser.
Espero ansiosamente caminar en mi
IDENTIDAD VERDADERA
y vivir como un hijo del Dios vivo.
En el nombre de Jesús ~ Amén

❈ ❈ ❈

Antes de cerrar este libro

Sé por qué el tiempo de Dios para escribir este libro es ahora. No estaba preparada hace veinte años. No estaba completamente libre de las mentiras y ataduras. Todavía llevaba mi " maleta" a cuestas, convencida de que no había manera de quitármela. Necesitaba experimentar más el poder transformador y la sanación de Dios en mí y llegar a un lugar de confianza en quién y de quién era yo en Él y quién es Él realmente en mí. Necesitaba pasar muchos más años saturada de Su Palabra, aprendiendo a reconocer las mentiras cuando aparecían en mi mente y contrarrestarlas con Su verdad. Necesitaba aprender a confiar más en Dios para salir de mis zonas de confort y hacer cosas nuevas para Él que nunca imaginé que podría hacer. Y finalmente pude romper las cadenas que me mantenían atada y ser liberada para ser todo lo que el Rey había planeado y deseado que fuera.

En efecto, aquella fría y borrascosa mañana de diciembre nació una princesa. Se transformó de un patito feo en un hermoso cisne santificado. Su cisne. Su princesa. ¡Y por fin lo sabía!

Dios me dio este poema una mañana durante mi tiempo de silencio con Él:

Cisne Precioso

Mi vida estaba en un camino solitario,
llena de heridas y risas burlonas.
Ansiaba el amor, ser abrazada y
aceptada en un lugar especial.
Pero todo lo que escuché fue: "no eres suficiente,
eres una mercancía dañada, algo desagradable".

Odié la vida, me odié a mí misma.
Siempre sentí que me habían puesto en un estante.
Quería cambiar las reglas del patio de recreo,
sólo los guapos y talentosos reinaban en la escuela,
los diferentes, los inusuales, no pertenecen son acosados,
burlados y siempre están equivocados.

Quería salir de este lugar que torturaba.
Estaba cansada de que se burlaran de mi cara
las modelos de las revistas con sus
sonrisas perfectas siempre burlándose de mí.
Esforzándome por algo que nunca podría ser.
Escapar del dolor era todo lo que podía ver.

Pero Tú viniste y rescataste esta alma destrozada,
reparando con amor el pesado daño de mi vida.
Me cambiaste de adentro hacia afuera,
me diste esperanza, alejaste toda duda y
me diste fuerza para seguir adelante.

Me mostraste que yo era tu cisne más preciado,
porque moriste en el Calvario
y ahora mis pecados están limpios,
la prisionera está libre.
Me mostraste mi IDENTIDAD VERDADERA:
Soy Hermosa hija, preciosa, amada
y abrazada por mi Padre Celestial desde arriba.
Libre para ser todo lo que diseñaste
que fuera en tus brazos amorosos para la eternidad.

A menudo tengo una imagen en mi mente de un vasto cañón, como el Gran Cañón en Arizona, con una enorme cruz de madera atravesada. Jesús está en un lado y hay cientos de personas en el otro. Dios me mostró que en lugar de estar de pie en un lado con Jesús, llamando a las personas del otro lado para que cruzaran, tenía que cruzar yo misma y caminar con ellos y colocar su mano en la mano de Jesús. Empiezo a correr hacia el lado donde están todas las personas y una por una, las traigo de vuelta a Jesús. Coloco su mano en la de Él y Él los abraza, los corona y canta alabanzas sobre ellos a medida que más personas son llevadas al otro lado y se reúnen con Jesús, se regocijan y cantan, teniendo una gran celebración con Dios.

Esa imagen es este libro. Es mi esperanza que así como yo he "cruzado el cañón" y he podido caminar contigo de vuelta al otro lado y colocar tu mano firmemente en la mano de Jesús. Que seas liberado en tu IDENTIDAD VERDADERA como Su precioso hijo y te unas a la celebración con Dios.

Gracias por tomar este viaje conmigo. ¡Mantén tu "maleta" fuera! Que Él te bendiga abundantemente mientras caminas diariamente con Él.

Desde la primera publicación de este libro

En los cuatro años transcurridos desde la primera publicación de este libro, Dios ha seguido profundizando en mi fe y comprensión de mi Identidad Verdadera en Él y ha ampliado enormemente el alcance de este libro y el mensaje de nuestra Identidad Verdadera en Cristo. Él ha continuado liberándome de las mentiras que estaban enterradas en lo más profundo de mi alma, trayendo nueva sanidad y ayudándome a prosperar como la mujer que Él diseñó y deseaba que fuera. ¡Incluso me enfrenté a mi miedo de tener mi historia grabada en video recientemente! *(Ver el enlace en la página de inicio del sitio web de los Ministerios de la Identidad Verdadera.)* Me siento honrada al ver a Dios "usar mi historia" y el mensaje de IV para llegar a miles de personas en todo el mundo y he sido profundamente conmovida al escuchar numerosos testimonios de hombres y mujeres de cómo Dios los ha liberado en su Identidad Verdadera. Muchos han compartido que el mensaje de IV ha transformado sus vidas, matrimonios, familias, iglesias y comunidades.

Como Dios ha estado expandiendo el ministerio, Él sabía que necesitaba ayuda y ¿quién mejor que mi querido esposo Remco? Sus dones y personalidad se complementan perfectamente con los míos, él ha recorrido este camino ministerial conmigo durante los últimos nueve años y comparte mi pasión por el mensaje de IV y por ver a las personas liberadas en su Identidad Verdadera. Nos ayudó a adaptar los ejemplos y aplicaciones del mensaje de

IV para los hombres y en los últimos años ha sido una parte clave de nuestro equipo de desarrollo de contenidos y enseñanza. Fue divertido crear juntos nuestro perfil de Personalidad Verdadera y el programa de Matrimonio Verdadero y actualmente estamos desarrollando un video/guía de estudio del mensaje y programa de Identidad Verdadera para hacerlo más fácilmente disponible a las iglesias, grupos pequeños e individuos a través de Internet.

Remco se ha convertido en una parte más integral del ministerio para ayudar con el lado de la organización y las operaciones del ministerio, así como tomar la iniciativa en la supervisión de nuestro ministerio internacional. Ha sido una gran bendición y una gran alegría colaborar juntos en la obra del Reino de Dios.

Continúo orando por ti, el lector de este libro, para que tu corazón se incline hacia nuestro amoroso Padre Celestial y para que experimentes la libertad y el gozo al caminar diariamente en tu IDENTIDAD VERDADERA en Él.

"No tengo mayor alegría que ver que mis hijos caminan en la verdad."

3 Juan 1:4

Recursos

Mentiras
Tabla de progresión de las mentiras

Lista de mentiras que creemos

Rompiendo las Cadenas
Mentiras que creemos y las Escrituras para combatirlas

Personalidad Verdadera
Los cuatro temperamentos

Identidad Verdadera
En el espejo de la Palabra de Dios

Hijo del Rey
Página del dibujo del espejo

Tabla de Progresión de Mentiras

Punto de entrada de la mentira

↓

Se recibe la mentira

↓

Se cree la mentira

↓

Se actúa en mentira
Conduce a
Respuestas Dolorosas o Destructivas
IRA - MIEDO - ANSIEDAD
Depresión
Actividades
Trabajos
Métodos
Patrones

↓

Esclavitud
Adicciones
Patrones de Comportamiento Pecaminoso

Mentiras que Creemos

- ☐ DIOS NO ES REALMENTE BUENO
- ☐ DIOS NO ME AMA
- ☐ DIOS ES COMO MI PADRE
- ☐ DIOS NO ES REALMENTE SUFICIENTE
- ☐ NO VALGO NADA
- ☐ DIOS NO QUIERE INVOLUCRARSE EN LAS SITUACIONES DE MI TRABAJO
- ☐ NO PUEDO AYUDAR COMO SOY
- ☐ TENGO MIS DERECHOS
- ☐ LA APARIENCIA EXTERIOR IMPORTA MÁS QUE LA BELLEZA INTERIOR O LA FORTALEZA
- ☐ SOY UN PERDEDOR, NO PUEDO HACER NADA BIEN
- ☐ PUEDO PECAR Y SALIRME CON LA MÍA
- ☐ NO SOY DIFERENTE DE LO QUE ERA ANTES DE CONVERTIRME EN CRISTIANO
- ☐ DIOS NO PUEDE PERDONAR LO QUE HE HECHO
- ☐ NADIE ME ELIGE NUNCA
- ☐ NO PUEDO CAMINAR EN UNA VICTORIA CONSISTENTE SOBRE EL PECADO
- ☐ DESEARÍA SER TAN TALENTOSO COMO ÉL/ELLA
- ☐ PUEDO HACERLO SIN UN TIEMPO CONSISTENTE EN LA PALABRA Y LA ORACIÓN
- ☐ DEBO TENER LA APROBACIÓN DE LOS DEMÁS PARA SENTIRME BIEN CONMIGO MISMO
- ☐ DEBO TENER UN ESPOSO/ESPOSA PARA SER FELIZ
- ☐ ES MI RESPONSABILIDAD CAMBIAR MI PAREJA
- ☐ NO PUEDO PERDONARME A MÍ MISMO
- ☐ MI VIDA NO TIENE NINGÚN PROPÓSITO O DIRECCIÓN
- ☐ NUNCA PODRÍA IR AL CIELO
- ☐ SI SIENTO QUE ALGO DEBE SER VERDAD
- ☐ NO PUEDO CONTROLAR MIS EMOCIONES
- ☐ SI DIOS ME AMA, ¿CÓMO PUDO DEJAR QUE ESTO SUCEDIERA?
- ☐ SERÍA FELIZ SI _____
- ☐ ESTOY SOLO Y ME SIENTO TAN VACÍO POR DENTRO
- ☐ MI SITUACIÓN FINANCIERA ES DESESPERANTE
- ☐ SIMPLEMENTE NO PUEDO SOPORTAR MÁS
- ☐ SOY TODO SUFICIENTE/NO NECESITO A NADIE
- ☐ TODO EL MUNDO ESTÁ CONTRA MÍ
- ☐ NO PUEDO PERDONAR A LA PERSONA QUE ME HIZO DAÑO

Romper las cadenass

Mentiras que Creemos
enfrentadas con la verdad de las escrituras

MENTIRAS:	VERDAD BIBLICA PARA CONTRARRESTAR :
☐ DIOS NO ES REALMENTE BUENO	Salmo 119:68
☐ DIOS NO ME AMA	Romanos. 5:8, Juan 3:16, 1 Juan 3:1, Efesios 3:17-19
☐ DIOS ES COMO MI PADRE	Hebreos 1:3, Hebreos 12:10
☐ DIOS NO ES REALMENTE SUFICIENTE	Juan 10:10, Colosenses 2:10
☐ NO VALGO NADA	Deuteronomio 14:2, Efesioss 2:10
☐ DIOS NO QUIERE INVOLUCRARSE EN LAS SITUACIONES DE MI TRABAJO	Salmo 37:5, Filipenses 4:13
☐ NO PUEDO AYUDAR COMO SOY	Romanos 6:6
☐ TENGO MIS DERECHOS	Jonás 4
☐ LA APARIENCIA EXTERIOR IMPORTA MÁS QUE LA BELLEZA INTERIOR O LA FORTALEZA	1 Samuel 16:7
☐ SOY UN PERDEDOR, NO PUEDO HACER NADA BIEN	Filipenses 4:13, Colosenses 2:9-10
☐ PUEDO PECAR Y SALIRME CON LA MÍA	Juan 8:34, Romanos 6:23
☐ NO SOY DIFERENTE DE LO QUE ERA ANTES DE CONVERTIRME EN CRISTIANO	2 Corintios 5:17
☐ DIOS NO PUEDE PERDONAR LO QUE HE HECHO	1 Juan 1:9
☐ NADIE ME ELIGE NUNCA	Juan 15:16
☐ NO PUEDO CAMINAR EN UNA VICTORIA CONSISTENTE SOBRE EL PECADO	Santiago 4:7, 1 Juan 5:4-5
☐ DESEARÍA SER TAN TALENTOSO COMO ÉL/ELLA	Romanos 12:6
☐ PUEDO HACERLO SIN UN TIEMPO CONSISTENTE EN LA PALABRA Y LA ORACIÓN	Juan 15:4
☐ DEBO TENER LA APROBACIÓN DE LOS DEMÁS PARA SENTIRME BIEN CONMIGO MISMO	Gálatas 1:10
☐ DEBO TENER UN ESPOSO/ESPOSA PARA SER FELIZ	1 Corintios 7:8, 32
☐ ES MI RESPONSABILIDAD CAMBIAR MI PAREJA	Mateo 7:1-3
☐ NO PUEDO PERDONARME A MÍ MISMO	Romanos 8:1
☐ MI VIDA NO TIENE NINGÚN PROPÓSITO O DIRECCIÓN	Jeremías 29:11
☐ NUNCA PODRÍA IR AL CIELO	Efesioss 2:8-9
☐ SI SIENTO QUE ALGO DEBE SER VERDAD	Juan 8:31-32
☐ NO PUEDO CONTROLAR MIS EMOCIONES	Romanos 6:6, 2 Corintios 10:5
☐ SI DIOS ME AMA, ¿CÓMO PUDO DEJAR QUE ESTO SUCEDIERA?	Romanos 8:28
☐ SERÍA FELIZ SI _____	Salmo 126:3, Filipenses 4:11, 1 Tesalonicenses 5:18
☐ ESTOY SOLO Y ME SIENTO TAN VACÍO POR DENTRO	Colosenses 2:10, Hebreos 13:5
☐ MI SITUACIÓN FINANCIERA ES DESESPERANTE	Filipenses 4:19
☐ SIMPLEMENTE NO PUEDO SOPORTAR MÁS	Romanos 8:3
☐ SOY TODO SUFICIENTE/NO NECESITO A NADIE	2 Corintios 3:5-6
☐ TODO EL MUNDO ESTÁ EN MI CONTRA	Romanos 8:31
☐ NO PUEDO PERDONAR A LA PERSONA QUE ME HIZO DAÑO	Efesios 4:32

IDENTIDAD VERDADERA

LOS CUATRO TEMPERAMENTOS DE LA IDENTIDAD VERDADERA

DIVERTIDO
"Vamos a divertimos!"

Combinación Armoniosa ←→

EXTROVERTIDO
Orientado a las Personas
Sociable

Atributos Positivos
Expresivo
Espontáneo
Le gusta reírse
En el momento
Encantador
Alma de la fiesta
Vistoso
Optimista

Atributos Negativos
Impulsivo
Ingenuo
Indisciplinado
Se distraerse fácilmente
Amigo superficial
Ruidoso
Desorganizado
Comienza, pero no termina

Comunicación
Animado
Interrumpe

Vida Espiritual
Ve a Dios como real
Lazo emocional con Dios

Deseo
PERTENECER

Principal Motivación
DIVERSION

PODEROSO
"Tengo todo bajo control!"

EXTROVERTIDO
Orientado a la Tarea
Diligente

Atributos Positivos
Líder natural
Productivo
Actúa rápido
Fuerte ética de trabajo
Decisivo
Resuelve problemas
Supera las emergencias

Atributos Negativo
Dominante
Impaciente
Inflexible
Manipulador
Exigente
Despreocupado
Contundente
Argumentativo

Comunición
Conciso – Hechos estables
Difícil de escuchar

Vida Espiritual
Ve a Dios como Rey y
Creador
Lucha con el control de Dios

Deseo
CONTROL

Principal Motivación
LOGROS

Combinación Armonio (izquierda)

Opuestos Combinación Armoniosa ←→

TRANQUILO
"Pueden todos llevarse bien por favor?"

RESERVEDADO
Orientado a las Personas
Observador

Atributos Positivos
Fácil de llevar
Simpático
Paciente
Un nivel arriba
Amigable
Buen oyente
Imparable
Desarmado

Atributos Negativos
Estoico
Indeciso
Desconfiado
Lento
Pasivo
No involucrado
Baja energía
Un poco terco

Comunicación
Silencio - Habla suave
Murmullos

Vida Espiritual
Ve a Dios como un
consolador
Acepta los planes de Dios

Deseo
PAZ

Principal Motivación
ARMONIA

DETERMINADO
"Déjenme hacer una lista!"

RESERVADO
Orientado a la Tarea
Pensador

Atributos Positivos
Mente bien organizada
Artístico & Culto
Analítico
Altos estándares
Le gusta la rutina
Puntual
Detallado
Le gusta la soledad

Atributos Negativos
Melancólico
Difícil
Sarcastico
Se evade
Juzgador
Baja conciencia de sí
mismo
Propenso a la depresión
Perspectiva negativa

Comunicación
Habla en detalles
Sarcástico

Vida Espiritual
Ve a Dios como un maestro
Piensa profundamente
en Dios

Deseo
ORDEN

Principal Motivación
PERFECCION

Combinación Armonio (derecha)

"Por tanto, si alguno está en Cristo, nueva criatura es." 2 Corintios 5:17

En el Espejo de la Palabra de Dios Veo ...

1 Samuel 12:22	Yo soy suyo.
1 Samuel 16: 7	Él ve mi corazón.
2 Reyes 20: 5	El me sana.
1 Crónicas. 28: 8	Pasaré herencia.
Job 23:10	Él sabe el camino que tomo.
Salmo 16:11	Él me da placeres eternos a Su diestra.
Salmo 21: 6	Me alegra con el gozo de su presencia.
Salmo 27: 4	Contemplaré la hermosura del Señor para siempre.
Salmo 27:10	Él nunca me abandonará.
Salmo 34:18	Él está cerca de mí.
Salmo 45:11	Está cautivado por mi belleza.
Salmo 91:14	Él me rescata.
Salmo 103: 4	Él me corona de amor y compasión.
Salmo 107: 9	Él satisface mi hambre con bienes.
Salmo 139: 14	Estoy maravillosamente hecho.
Proverbios 12:25	El alegra mi corazón.
Proverbios 15: 4	Hablo palabras de vida a los demás.
Isaias 41:18	Convierte mi desierto en un Edén.
Isaías 53: 4	Él soporta mi dolor.
Isaías 61: 3	Me da una corona de hermosura en lugar de cenizas.
Isaías 61:10	Me envuelve en un manto de justicia.
Isaías 62: 2	Me llama por un nombre nuevo.
Isaías 64: 8	Soy hechura suya.
Jeremías 1: 5	Él me conoce.
Jeremías 14: 9	Yo llevo su nombre.
Jeremías 31: 3	Me ama con amor eterno.
Marcos 6:31	Me lleva a un lugar tranquilo y me da descanso.
Juan 7:24	No me juzga por las apariencias.
Juan 8:36	Él me libera.
Romanos 15: 7	Soy aceptado en el Amado.
2 Cor. 3:16	Él me ve como soy.
2 Cor. 4:17	Convierte mis dificultades en gloria.
Gálatas 5: 1	Él me libra.
Efesios 1: 3	Él me bendice con toda bendición espiritual.
Filipenses 3:13	Él redime mi pasado.
2 Tes. 2:16	Me da esperanza.
2 Pedro 1: 3	Él me da todo lo que necesito.

Hijo del Rey
Página del dibujo del espejo

La verdad de Dios

Moisés paso 40 años en el palacio del rey pensando que era alguien; luego vivió cuarenta años en el desierto descubriendo que sin Dios era un don nadie; finalmente, pasó cuarenta años descubriendo como un don nadie con Dios puede ser alguien.

~Dwight L. Moody

Notas

Capítulo 3: El Patito Feo

Hans Christian Andersen, *EL Patito Feo*, 1843.

Capítulo 4: Mentiras, Mentiras, Mentiras

Sarah Young, *Jesus Calling* (Nashville, TN: Thomas Nelson, 2004), Febrero 12.

Nancy Leigh DeMoss, *Lies Women Believe* (Chicago, IL: Moody Press, 2001), p. 32.

Capítulo 5: Un Montón de Mentiras

Sarah Young, *Jesus Calling* (Nashville, TN: Thomas Nelson, 2004), Febrero 28.

Capítulo 6: El Peso de las Mentiras

Boyd Bailey, *Wisdom Hunters Devotionals: Demolish Strongholds,* (Roswell, GA: Wisdom Hunters, 2012), Febrero 27. www.WisdomHunters.com

Capítulo 7: Identidad Equivocada

Nancy Leigh DeMoss, *Lies Women Believe* (Chicago, IL: Moody Press, 2001), p. 66.

Capítulo 8: Rompiendo las Cadenas
Neil T. Anderson, The Steps to Freedom in Christ (Ventura, CA: Gospel Light Publishing, 1990), p. 4.

Capítulo 9: Arrojando la Maleta
Para un estudio más completo de la libertad en Cristo véase Neil T. Anderson, Victory Over the Darkness (Ventura, CA: Regal Books from Gospel Light Publishing, 1990).

Neil T. Anderson, Stomping Out the Darkness (Ventura, CA: Regal Books from Gospel Light Publishing, 1993), p. 73.

De Fabrique, Nathalie; Romano, Stephen J.; Vecchi, Gregory M.; van Hasselt, Vincent B. "Understanding the Stockholm Syndrome." FBI Law Enforcement Bulletin. July 2007. http://www.fbi.gov/stats-services/publications/law-enforcement-bulletin/2007-pdfs/july07leb.pdf

Capítulo 10: El Candado de las Cadenas
Para un estudio más completo sobre el perdón véase Bruce and Toni Hebel, Forgiving Forward: Unleashing the Forgiveness Revolution (Fayetteville, GA, 2011).

Capítulo 11: Identidad Verdadera
Sharon Jaynes, The Ultimate Makeover (Chicago, IL: Moody Publishers, 2003), p. 79

Capítulo 12: Únicamente Tú
Florence Littauer, Personality Plus (Grand Rapids, MI: Revel-Publishing, 1983).

Marita Littauer, *Wired That Way* (Ventura, CA: Regal Books from Gospel Light Publishing, 2006).

Capítulo 13: Hijo del Rey

Henri J. M. Nouwen, *Here and Now: Living in the Spirit* (New York, NY: Crossroad Publishing Company, 1994) p. 134-135

John and Staci Eldredge, *Captivating* (Nashville, TN: Thomas Nelson, 2004), p. 135

The Father's Love Letter usado con permiso de Father Heart Communications © 1999-2011
www.FathersLoveLetter.com

Capítulo 14: Abrazando tu Identidad Verdadera

John Piper, *Christian Hedonism*, 1995 © 2012 Desiring God Foundation. www.DesiringGod.org.

Capítulo 15: Caminando en tu Identidad Verdadera

Para un estudio más completo sobre como escuchar la voz de Dios véase Mark and Patti Virkler, *4 Keys to Hearing God's Voice* (Shippensburg, PA: Destiny Image © Publishers, Inc., 2010).

Lo que eres es el regalo de Dios para ti,
lo que llegas a ser es tu regalo para Dios.

~ Hans Urs von Balthasar, *Prayer*

Acerca del Autor
Jennifer Brommet

Jennifer es de Wisconsin y tiene experiencia en publicidad y diseño gráfico. Trabajó para la Asociación Evangelística Billy Graham (BGEA) como Directora de Arte en Minneapolis, Minnesota y Coordinadora de Producción para la Conferencia Internacional de BGEA de 1986 para Evangelistas Itinerantes en Ámsterdam, Holanda. Mientras vivía en Ámsterdam, conoció y se casó con su marido, Remco.

Dios preparó a Jennifer para el llamado a iniciar y liderar True Identity Ministries a través de su propio viaje personal desde el rechazo severo y la depresión cuando era una niña y una joven adulta, hasta la libertad de entender y abrazar su Identidad Verdadera en Cristo. Ella tiene una profunda pasión para que las mujeres entiendan cuánto las ama Dios, conozcan Su Palabra de verdad, profundicen su relación con Él y sean liberadas para ser todo lo que Él diseñó y desea que sean.

Jennifer tiene más de treinta años de experiencia en el ministerio de la mujer, que ha incluido: organizar y dirigir retiros y eventos para mujeres, dirigir grupos de estudio bíblico para mujeres y grupos pequeños, enseñar y hablar, ministerio matrimonial con su esposo, y servir como Directora del Ministerio de la Mujer en su iglesia en California, antes de mudarse a Georgia en 2007 y fundar True Identity Ministries en 2008. También tiene más de veinte años de experiencia en administración y planificación de eventos.

A Jennifer le encanta ver la hermosa creación de Dios a través de la lente de una cámara y capturar los momentos especiales de la vida digitalmente. También le gusta expresarse creativamente a través del dibujo, la costura, la decoración y el diseño. Le encanta viajar, ver nuevos lugares y conocer gente nueva. Le gusta hacer ejercicio y dar grandes paseos con su marido y cuando tiene momentos de tranquilidad, le encanta leer y escribir en su diario.

Jennifer y Remco viven en Cumming, Georgia, y tienen dos hijas mayores. Carina está escribiendo su primera novela y Sophia está estudiando una carrera de dirección teatral y actuación.

Acerca del
Ministerio de la Identidad Verdadera

El mensaje de Dios respecto a abrazar tu verdadera identidad es universal y transformador para la vida. True Identity Ministries es un ministerio sin ánimo de lucro, sin denominación, con una junta directiva, un equipo de apoyo en la oración, asesores y un maravilloso grupo de voluntarios.

Nuestro objetivo es ayudar a otras personas de todos los ámbitos de la vida a liberarse de las mentiras y el engaño, a despertar a la verdad de ser todo lo que Dios desea y se ha propuesto que sean y a aplicarlo a su vida diaria.

A nivel internacional, siguiendo el llamado de Dios a "entrenar a los líderes del ministerio", True Identity Ministries es un socio ministerial del Centro de Entrenamiento de la Divina Providencia para pastores en Kenia. Hemos llevado a más de 400 pastores y líderes ministeriales a través del programa de IV, tenemos 25 instructores de IV certificados en Kenia y nos estamos expandiendo a otros países de África Oriental. También hemos llevado el mensaje de IV a pastores y líderes ministeriales en Perú, Guatemala y Honduras. Todos nuestros materiales están traducidos al swahili y al español. También están surgiendo oportunidades e interés en Europa del Este y el sudeste asiático.

Póngase en contacto con nosotros para obtener más información y para programar un evento de True Identity o True Marriage adaptado a su grupo de iglesia, ministerio y/o equipo de liderazgo ministerial.

Jennifer y Remco Brommet están disponibles para hablar en eventos, retiros y conferencias.

info@TrueIdentityMinistries.org
www.TrueIdentityMinistries.org

Gracias por leer
Identidad Verdadera

Encuentra más información en
www.TrueIdentityMinistries.org

The Traveling
OUTDOOR CLIMBER'S LOGBOOK

Owner:_____

Phone:_____

Email:_____

Kristen Pizzuti

NOMADIC
PUBLICATIONS

DEDICATION

This book is dedicated to my husband
who, when asked what he would put
on a dedication page, said:

"To my beautiful, driven wife and all
the adventures we have yet to take;
without climbing, I never would have
been blessed with the opportunity of
meeting you."

I went with that.

Log #:_____ Date:___/___/___

Location:_____

Route:_____

Arrival time:_____ Departure time:_____

Listed Rating:_____ My Rating:_____

Route Type:

Bouldering   Sport   Traditional   Top Rope

# of Attempts:_____ ☐Completed ☐Flash ☐On-sight

Route Conditions:_____

_____

Weather:_____

Companions:_____

_____

Gear/Supplies:_____

_____

_____

Future Considerations:_____

_____

_____

Notes:_____

_____

_____

_____

_____

_____

_____

_____

_____

_____

Log #:_____ Date:___/___/___

Location:_____

Route:_____

Arrival time:_____ Departure time:_____

Listed Rating:_____ My Rating:_____

Route Type:

Bouldering   Sport   Traditional   Top Rope

# of Attempts:_____ ☐Completed☐Flash☐On-sight

Route Conditions:_____

_____

Weather:_____

Companions:_____

_____

Gear/Supplies:_____

_____

_____

Future Considerations:_____

_____

_____

Notes:_____

_____

_____

_____

_____

_____

_____

_____

_____

_____

Log #:_____ Date:___/___/___

Location:_____

Route:_____

Arrival time:_____ Departure time:_____

Listed Rating:_____ My Rating:_____

Route Type:

Bouldering   Sport   Traditional   Top Rope

# of Attempts:_____ ☐Completed ☐Flash ☐On-sight

Route Conditions:_____

_____

Weather:_____

Companions:_____

_____

Gear/Supplies:_____

_____

_____

Future Considerations:_____

_____

_____

Notes:_____

_____

_____

_____

_____

_____

_____

_____

_____

_____

Log #:_____ Date:___/___/___

Location:_____

Route:_____

Arrival time:_____ Departure time:_____

Listed Rating:_____ My Rating:_____

Route Type:

Bouldering   Sport   Traditional   Top Rope

# of Attempts:_____ ☐Completed ☐Flash ☐On-sight

Route Conditions:_____

_____

Weather:_____

Companions:_____

_____

Gear/Supplies:_____

_____

_____

Future Considerations:_____

_____

_____

Notes:_____

_____

_____

_____

_____

_____

_____

_____

_____

_____

Log #:_____ Date:___/___/___

Location:_____

Route:_____

Arrival time:_____ Departure time:_____

Listed Rating:_____ My Rating:_____

Route Type:

Bouldering　　Sport　　Traditional　　Top Rope

# of Attempts:_____ ☐Completed☐Flash☐On-sight

Route Conditions:_____

_____

Weather:_____

Companions:_____

_____

Gear/Supplies:_____

_____

_____

Future Considerations:_____

_____

_____

Notes:_____

_____

_____

_____

_____

_____

_____

_____

_____

_____

_____

Log #:_____ Date:___/___/___

Location:_____

Route:_____

Arrival time:_____ Departure time:_____

Listed Rating:_____ My Rating:_____

Route Type:

Bouldering   Sport   Traditional   Top Rope

# of Attempts:_____ ☐Completed☐Flash☐On-sight

Route Conditions:_____

_____

Weather:_____

Companions:_____

_____

Gear/Supplies:_____

_____

_____

Future Considerations:_____

_____

_____

Notes:_____

_____

_____

_____

_____

_____

_____

_____

_____

_____

Log #:_____ Date:___/___/___

Location:_____

Route:_____

Arrival time:_____ Departure time:_____

Listed Rating:_____ My Rating:_____

Route Type:

Bouldering   Sport   Traditional   Top Rope

# of Attempts:_____ ☐Completed ☐Flash ☐On-sight

Route Conditions:_____

_____

Weather:_____

Companions:_____

_____

Gear/Supplies:_____

_____

_____

Future Considerations:_____

_____

_____

Notes:_____

_____

_____

_____

_____

_____

_____

_____

_____

_____

_____

Log #:_____ Date:___/___/___

Location:_____

Route:_____

Arrival time:_____ Departure time:_____

Listed Rating:_____ My Rating:_____

Route Type:

Bouldering   Sport   Traditional   Top Rope

# of Attempts:_____ ☐Completed☐Flash☐On-sight

Route Conditions:_____

_____

Weather:_____

Companions:_____

_____

Gear/Supplies:_____

_____

_____

Future Considerations:_____

_____

_____

Notes:_____

_____

_____

_____

_____

_____

_____

_____

_____

_____

Log #:_____ Date:___/___/___

Location:_____

Route:_____

Arrival time:_____ Departure time:_____

Listed Rating:_____ My Rating:_____

Route Type:

Bouldering   Sport   Traditional   Top Rope

# of Attempts:_____ ☐Completed ☐Flash ☐On-sight

Route Conditions:_____

_____

Weather:_____

Companions:_____

_____

Gear/Supplies:_____

_____

_____

Future Considerations:_____

_____

_____

Notes:_____

_____

_____

_____

_____

_____

_____

_____

_____

_____

Log #:_____ Date:___/___/___

Location:_____

Route:_____

Arrival time:_____ Departure time:_____

Listed Rating:_____ My Rating:_____

Route Type:

Bouldering   Sport   Traditional   Top Rope

# of Attempts:_____ ☐Completed ☐Flash ☐On-sight

Route Conditions:_____

_____

Weather:_____

Companions:_____

_____

Gear/Supplies:_____

_____

_____

Future Considerations:_____

_____

_____

Notes:_____

_____

_____

_____

_____

_____

_____

_____

_____

_____

Log #:_____ Date:___/___/___

Location:_____

Route:_____

Arrival time:_____ Departure time:_____

Listed Rating:_____ My Rating:_____

Route Type:

Bouldering   Sport   Traditional   Top Rope

# of Attempts:_____ ☐Completed☐Flash☐On-sight

Route Conditions:_____

_____

Weather:_____

Companions:_____

_____

Gear/Supplies:_____

_____

_____

Future Considerations:_____

_____

_____

Notes:_____

_____

_____

_____

_____

_____

_____

_____

_____

_____

Log #:_____ Date:___/___/___

Location:_____

Route:_____

Arrival time:_____ Departure time:_____

Listed Rating:_____ My Rating:_____

Route Type:

Bouldering   Sport   Traditional   Top Rope

# of Attempts:_____ ☐Completed☐Flash☐On-sight

Route Conditions:_____

_____

Weather:_____

Companions:_____

_____

Gear/Supplies:_____

_____

_____

Future Considerations:_____

_____

_____

Notes:_____

_____

_____

_____

_____

_____

_____

_____

_____

_____

Log #:_____ Date:___/___/___

Location:_____

Route:_____

Arrival time:_____ Departure time:_____

Listed Rating:_____ My Rating:_____

Route Type:

Bouldering   Sport   Traditional   Top Rope

# of Attempts:_____ ☐Completed ☐Flash ☐On-sight

Route Conditions:_____

_____

Weather:_____

Companions:_____

_____

Gear/Supplies:_____

_____

_____

Future Considerations:_____

_____

_____

Notes:_____

_____

_____

_____

_____

_____

_____

_____

_____

_____

Log #:_____ Date:___/___/___

Location:_____

Route:_____

Arrival time:_____ Departure time:_____

Listed Rating:_____ My Rating:_____

Route Type:

Bouldering   Sport   Traditional   Top Rope

# of Attempts:_____ ☐Completed ☐Flash ☐On-sight

Route Conditions:_____

_____

Weather:_____

Companions:_____

_____

Gear/Supplies:_____

_____

_____

Future Considerations:_____

_____

_____

Notes:_____

_____

_____

_____

_____

_____

_____

_____

_____

_____

Log #:_____ Date:___/___/___

Location:_____

Route:_____

Arrival time:_____ Departure time:_____

Listed Rating:_____ My Rating:_____

Route Type:

Bouldering   Sport   Traditional   Top Rope

# of Attempts:_____ ☐Completed ☐Flash ☐On-sight

Route Conditions:_____

_____

Weather:_____

Companions:_____

_____

Gear/Supplies:_____

_____

_____

Future Considerations:_____

_____

_____

Notes:_____

_____

_____

_____

_____

_____

_____

_____

_____

_____

Log #:_____ Date:___/___/___

Location:_____

Route:_____

Arrival time:_____ Departure time:_____

Listed Rating:_____ My Rating:_____

Route Type:

Bouldering   Sport   Traditional   Top Rope

# of Attempts:_____ ☐Completed☐Flash☐On-sight

Route Conditions:_____

_____

Weather:_____

Companions:_____

_____

Gear/Supplies:_____

_____

_____

Future Considerations:_____

_____

_____

Notes:_____

_____

_____

_____

_____

_____

_____

_____

_____

_____

Log #:_____ Date:___/___/___

Location:_____

Route:_____

Arrival time:_____ Departure time:_____

Listed Rating:_____ My Rating:_____

Route Type:

Bouldering   Sport   Traditional   Top Rope

# of Attempts:_____ ☐Completed☐Flash☐On-sight

Route Conditions:_____

_____

Weather:_____

Companions:_____

_____

Gear/Supplies:_____

_____

_____

Future Considerations:_____

_____

_____

Notes:_____

_____

_____

_____

_____

_____

_____

_____

_____

_____

_____

Log #:_____ Date:___/___/___

Location:_____

Route:_____

Arrival time:_____ Departure time:_____

Listed Rating:_____ My Rating:_____

Route Type:

Bouldering   Sport   Traditional   Top Rope

# of Attempts:_____ ☐Completed☐Flash☐On-sight

Route Conditions:_____

_____

Weather:_____

Companions:_____

_____

Gear/Supplies:_____

_____

_____

Future Considerations:_____

_____

_____

Notes:_____

_____

_____

_____

_____

_____

_____

_____

_____

_____

Log #:_____ Date:___/___/___

Location:_____

Route:_____

Arrival time:_____ Departure time:_____

Listed Rating:_____ My Rating:_____

Route Type:

Bouldering   Sport   Traditional   Top Rope

# of Attempts:_____ ☐Completed ☐Flash ☐On-sight

Route Conditions:_____

_____

Weather:_____

Companions:_____

_____

Gear/Supplies:_____

_____

_____

Future Considerations:_____

_____

_____

Notes:_____

_____

_____

_____

_____

_____

_____

_____

_____

_____

Log #:_____   Date:___/___/___

Location:_____

Route:_____

Arrival time:_____   Departure time:_____

Listed Rating:_____   My Rating:_____

Route Type:

Bouldering   Sport   Traditional   Top Rope

# of Attempts:_____ ☐Completed ☐Flash ☐On-sight

Route Conditions:_____

_____

Weather:_____

Companions:_____

_____

Gear/Supplies:_____

_____

_____

Future Considerations:_____

_____

_____

Notes:_____

_____

_____

_____

_____

_____

_____

_____

_____

_____

_____

Log #:_____ Date:___/___/___

Location:_____

Route:_____

Arrival time:_____ Departure time:_____

Listed Rating:_____ My Rating:_____

Route Type:

Bouldering   Sport   Traditional   Top Rope

# of Attempts:_____ ☐Completed☐Flash☐On-sight

Route Conditions:_____

_____

Weather:_____

Companions:_____

_____

Gear/Supplies:_____

_____

_____

Future Considerations:_____

_____

_____

Notes:_____

_____

_____

_____

_____

_____

_____

_____

_____

_____

Log #:_____ Date:___/___/___

Location:_____

Route:_____

Arrival time:_____ Departure time:_____

Listed Rating:_____ My Rating:_____

Route Type:

Bouldering   Sport   Traditional   Top Rope

# of Attempts:_____ ☐Completed ☐Flash ☐On-sight

Route Conditions:_____

_____

Weather:_____

Companions:_____

_____

Gear/Supplies:_____

_____

_____

Future Considerations:_____

_____

_____

Notes:_____

_____

_____

_____

_____

_____

_____

_____

_____

_____

Log #:_____ Date:___/___/___

Location:_____

Route:_____

Arrival time:_____ Departure time:_____

Listed Rating:_____ My Rating:_____

Route Type:

Bouldering   Sport   Traditional   Top Rope

# of Attempts:_____ ☐Completed ☐Flash ☐On-sight

Route Conditions:_____

_____

Weather:_____

Companions:_____

_____

Gear/Supplies:_____

_____

_____

Future Considerations:_____

_____

_____

Notes:_____

_____

_____

_____

_____

_____

_____

_____

_____

_____

Log #:_____ Date:___/___/___

Location:_____

Route:_____

Arrival time:_____ Departure time:_____

Listed Rating:_____ My Rating:_____

Route Type:

Bouldering   Sport   Traditional   Top Rope

# of Attempts:_____ ☐Completed ☐Flash ☐On-sight

Route Conditions:_____

_____

Weather:_____

Companions:_____

_____

Gear/Supplies:_____

_____

_____

Future Considerations:_____

_____

_____

Notes:_____

_____

_____

_____

_____

_____

_____

_____

_____

_____

_____

_____

Log #:_____ Date:___/___/___

Location:_____

Route:_____

Arrival time:_____ Departure time:_____

Listed Rating:_____ My Rating:_____

Route Type:

Bouldering   Sport   Traditional   Top Rope

# of Attempts:_____ ☐Completed ☐Flash ☐On-sight

Route Conditions:_____

_____

Weather:_____

Companions:_____

_____

Gear/Supplies:_____

_____

_____

Future Considerations:_____

_____

_____

Notes:_____

_____

_____

_____

_____

_____

_____

_____

_____

_____

Log #:_____ Date:___/___/___

Location:_____

Route:_____

Arrival time:_____ Departure time:_____

Listed Rating:_____ My Rating:_____

Route Type:

Bouldering   Sport   Traditional   Top Rope

# of Attempts:_____ ☐Completed ☐Flash ☐On-sight

Route Conditions:_____

_____

Weather:_____

Companions:_____

_____

Gear/Supplies:_____

_____

_____

Future Considerations:_____

_____

_____

Notes:_____

_____

_____

_____

_____

_____

_____

_____

_____

_____

Log #:_____ Date:___/___/___

Location:_____

Route:_____

Arrival time:_____ Departure time:_____

Listed Rating:_____ My Rating:_____

Route Type:

Bouldering   Sport   Traditional   Top Rope

# of Attempts:_____ ☐Completed☐Flash☐On-sight

Route Conditions:_____

_____

Weather:_____

Companions:_____

_____

Gear/Supplies:_____

_____

_____

Future Considerations:_____

_____

_____

Notes:_____

_____

_____

_____

_____

_____

_____

_____

_____

_____

Log #:_____ Date:___/___/___

Location:_____

Route:_____

Arrival time:_____ Departure time:_____

Listed Rating:_____ My Rating:_____

Route Type:

Bouldering   Sport   Traditional   Top Rope

# of Attempts:_____ ☐Completed ☐Flash ☐On-sight

Route Conditions:_____

_____

Weather:_____

Companions:_____

_____

Gear/Supplies:_____

_____

_____

Future Considerations:_____

_____

_____

Notes:_____

_____

_____

_____

_____

_____

_____

_____

_____

_____

Log #:_____ Date:___/___/___

Location:_____

Route:_____

Arrival time:_____ Departure time:_____

Listed Rating:_____ My Rating:_____

Route Type:

Bouldering   Sport   Traditional   Top Rope

# of Attempts:_____ ☐Completed ☐Flash ☐On-sight

Route Conditions:_____

_____

Weather:_____

Companions:_____

_____

Gear/Supplies:_____

_____

_____

Future Considerations:_____

_____

_____

Notes:_____

_____

_____

_____

_____

_____

_____

_____

_____

Log #:_____ Date:___/___/___

Location:_____

Route:_____

Arrival time:_____ Departure time:_____

Listed Rating:_____ My Rating:_____

Route Type:

Bouldering   Sport   Traditional   Top Rope

# of Attempts:_____ ☐Completed ☐Flash ☐On-sight

Route Conditions:_____

_____

Weather:_____

Companions:_____

_____

Gear/Supplies:_____

_____

_____

Future Considerations:_____

_____

_____

Notes:_____

_____

_____

_____

_____

_____

_____

_____

_____

_____

Log #:_____ Date:___/___/___

Location:_____

Route:_____

Arrival time:_____ Departure time:_____

Listed Rating:_____ My Rating:_____

Route Type:

Bouldering   Sport   Traditional   Top Rope

# of Attempts:_____ ☐Completed ☐Flash ☐On-sight

Route Conditions:_____

_____

Weather:_____

Companions:_____

_____

Gear/Supplies:_____

_____

_____

Future Considerations:_____

_____

_____

Notes:_____

_____

_____

_____

_____

_____

_____

_____

_____

_____

_____

Log #:_____ Date:___/___/___

Location:_____

Route:_____

Arrival time:_____ Departure time:_____

Listed Rating:_____ My Rating:_____

Route Type:

Bouldering   Sport   Traditional   Top Rope

# of Attempts:_____ ☐Completed ☐Flash ☐On-sight

Route Conditions:_____

_____

Weather:_____

Companions:_____

_____

Gear/Supplies:_____

_____

_____

Future Considerations:_____

_____

_____

Notes:_____

_____

_____

_____

_____

_____

_____

_____

_____

_____

_____

Log #:_____ Date:____/___/____

Location:_____

Route:_____

Arrival time:_____ Departure time:_____

Listed Rating:_____ My Rating:_____

Route Type:

Bouldering   Sport   Traditional   Top Rope

# of Attempts:_____ ☐Completed☐Flash☐On-sight

Route Conditions:_____

_____

Weather:_____

Companions:_____

_____

Gear/Supplies:_____

_____

_____

Future Considerations:_____

_____

_____

Notes:_____

_____

_____

_____

_____

_____

_____

_____

_____

_____

Log #:_____ Date:___/___/___

Location:_____

Route:_____

Arrival time:_____ Departure time:_____

Listed Rating:_____ My Rating:_____

Route Type:

Bouldering   Sport   Traditional   Top Rope

# of Attempts:_____ ☐Completed ☐Flash ☐On-sight

Route Conditions:_____

_____

Weather:_____

Companions:_____

_____

Gear/Supplies:_____

_____

_____

Future Considerations:_____

_____

_____

Notes:_____

_____

_____

_____

_____

_____

_____

_____

_____

_____

_____

Log #:_____ Date:___/___/___

Location:_____

Route:_____

Arrival time:_____ Departure time:_____

Listed Rating:_____ My Rating:_____

Route Type:

Bouldering   Sport   Traditional   Top Rope

# of Attempts:_____ ☐Completed ☐Flash ☐On-sight

Route Conditions:_____

_____

Weather:_____

Companions:_____

_____

Gear/Supplies:_____

_____

_____

Future Considerations:_____

_____

_____

Notes:_____

_____

_____

_____

_____

_____

_____

_____

_____

_____

Log #:_____ Date:___/___/___

Location:_____

Route:_____

Arrival time:_____ Departure time:_____

Listed Rating:_____ My Rating:_____

Route Type:

Bouldering   Sport   Traditional   Top Rope

# of Attempts:_____ ☐Completed ☐Flash ☐On-sight

Route Conditions:_____

_____

Weather:_____

Companions:_____

_____

Gear/Supplies:_____

_____

_____

Future Considerations:_____

_____

_____

Notes:_____

_____

_____

_____

_____

_____

_____

_____

_____

_____

_____

Log #:_____ Date:___/___/___

Location:_____

Route:_____

Arrival time:_____ Departure time:_____

Listed Rating:_____ My Rating:_____

Route Type:

    Bouldering   Sport   Traditional   Top Rope

# of Attempts:_____ ☐Completed ☐Flash ☐On-sight

Route Conditions:_____

_____

Weather:_____

Companions:_____

_____

Gear/Supplies:_____

_____

_____

Future Considerations:_____

_____

_____

Notes:_____

_____

_____

_____

_____

_____

_____

_____

_____

_____

_____

Log #:_____ Date:___/___/___

Location:_____

Route:_____

Arrival time:_____ Departure time:_____

Listed Rating:_____ My Rating:_____

Route Type:

Bouldering   Sport   Traditional   Top Rope

# of Attempts:_____ ☐Completed ☐Flash ☐On-sight

Route Conditions:_____

_____

Weather:_____

Companions:_____

_____

Gear/Supplies:_____

_____

_____

Future Considerations:_____

_____

_____

Notes:_____

_____

_____

_____

_____

_____

_____

_____

_____

_____

Log #:_____ Date:____/____/____

Location:_____

Route:_____

Arrival time:_____ Departure time:_____

Listed Rating:_____ My Rating:_____

Route Type:

Bouldering   Sport   Traditional   Top Rope

# of Attempts:_____ ☐Completed ☐Flash ☐On-sight

Route Conditions:_____

_____

Weather:_____

Companions:_____

_____

Gear/Supplies:_____

_____

_____

Future Considerations:_____

_____

_____

Notes:_____

_____

_____

_____

_____

_____

_____

_____

_____

_____

_____

Log #:_____ Date:___/___/___

Location:_____

Route:_____

Arrival time:_____ Departure time:_____

Listed Rating:_____ My Rating:_____

Route Type:

Bouldering   Sport   Traditional   Top Rope

# of Attempts:_____ ☐Completed ☐Flash ☐On-sight

Route Conditions:_____

_____

Weather:_____

Companions:_____

_____

Gear/Supplies:_____

_____

_____

Future Considerations:_____

_____

_____

Notes:_____

_____

_____

_____

_____

_____

_____

_____

_____

_____

Log #:_____ Date:___/___/___

Location:_____

Route:_____

Arrival time:_____ Departure time:_____

Listed Rating:_____ My Rating:_____

Route Type:

Bouldering   Sport   Traditional   Top Rope

# of Attempts:_____ ☐Completed ☐Flash ☐On-sight

Route Conditions:_____

_____

Weather:_____

Companions:_____

_____

Gear/Supplies:_____

_____

_____

Future Considerations:_____

_____

_____

Notes:_____

_____

_____

_____

_____

_____

_____

_____

_____

_____

Log #:_____ Date:___/___/___

Location:_____

Route:_____

Arrival time:_____ Departure time:_____

Listed Rating:_____ My Rating:_____

Route Type:

Bouldering   Sport   Traditional   Top Rope

# of Attempts:_____ ☐Completed ☐Flash ☐On-sight

Route Conditions:_____

_____

Weather:_____

Companions:_____

_____

Gear/Supplies:_____

_____

_____

Future Considerations:_____

_____

_____

Notes:_____

_____

_____

_____

_____

_____

_____

_____

_____

_____

_____

Log #:_____ Date:___/___/___

Location:_____

Route:_____

Arrival time:_____ Departure time:_____

Listed Rating:_____ My Rating:_____

Route Type:

Bouldering   Sport   Traditional   Top Rope

# of Attempts:_____ ☐Completed ☐Flash ☐On-sight

Route Conditions:_____

_____

Weather:_____

Companions:_____

_____

Gear/Supplies:_____

_____

_____

Future Considerations:_____

_____

_____

Notes:_____

_____

_____

_____

_____

_____

_____

_____

_____

_____

Log #:_____ Date:___/___/___

Location:_____

Route:_____

Arrival time:_____ Departure time:_____

Listed Rating:_____ My Rating:_____

Route Type:

Bouldering　　Sport　　Traditional　　Top Rope

# of Attempts:_____ ☐Completed ☐Flash ☐On-sight

Route Conditions:_____

_____

Weather:_____

Companions:_____

_____

Gear/Supplies:_____

_____

_____

Future Considerations:_____

_____

_____

Notes:_____

_____

_____

_____

_____

_____

_____

_____

_____

_____

_____

Log #:_____ Date:___/___/___

Location:_____

Route:_____

Arrival time:_____ Departure time:_____

Listed Rating:_____ My Rating:_____

Route Type:

Bouldering   Sport   Traditional   Top Rope

# of Attempts:_____ ☐Completed ☐Flash ☐On-sight

Route Conditions:_____

_____

Weather:_____

Companions:_____

_____

Gear/Supplies:_____

_____

_____

Future Considerations:_____

_____

_____

Notes:_____

_____

_____

_____

_____

_____

_____

_____

_____

_____

Log #:_____ Date:___/___/___

Location:_____

Route:_____

Arrival time:_____ Departure time:_____

Listed Rating:_____ My Rating:_____

Route Type:

Bouldering   Sport   Traditional   Top Rope

# of Attempts:_____ ☐Completed ☐Flash ☐On-sight

Route Conditions:_____

_____

Weather:_____

Companions:_____

_____

Gear/Supplies:_____

_____

_____

Future Considerations:_____

_____

_____

Notes:_____

_____

_____

_____

_____

_____

_____

_____

_____

_____

Log #:_____ Date:___/___/___

Location:_____

Route:_____

Arrival time:_____ Departure time:_____

Listed Rating:_____ My Rating:_____

Route Type:

Bouldering   Sport   Traditional   Top Rope

# of Attempts:_____ ☐Completed ☐Flash ☐On-sight

Route Conditions:_____

_____

Weather:_____

Companions:_____

_____

Gear/Supplies:_____

_____

_____

Future Considerations:_____

_____

_____

Notes:_____

_____

_____

_____

_____

_____

_____

_____

_____

_____

Log #:_____ Date:___/___/___

Location:_____

Route:_____

Arrival time:_____ Departure time:_____

Listed Rating:_____ My Rating:_____

Route Type:

Bouldering   Sport   Traditional   Top Rope

# of Attempts:_____ ☐Completed ☐Flash ☐On-sight

Route Conditions:_____

_____

Weather:_____

Companions:_____

_____

Gear/Supplies:_____

_____

_____

Future Considerations:_____

_____

_____

Notes:_____

_____

_____

_____

_____

_____

_____

_____

_____

_____

Log #:_____ Date:___/___/___

Location:_____

Route:_____

Arrival time:_____ Departure time:_____

Listed Rating:_____ My Rating:_____

Route Type:

Bouldering   Sport   Traditional   Top Rope

# of Attempts:_____ ☐Completed ☐Flash ☐On-sight

Route Conditions:_____

_____

Weather:_____

Companions:_____

_____

Gear/Supplies:_____

_____

_____

Future Considerations:_____

_____

_____

Notes:_____

_____

_____

_____

_____

_____

_____

_____

_____

_____

Log #:_____ Date:___/___/___

Location:_____

Route:_____

Arrival time:_____ Departure time:_____

Listed Rating:_____ My Rating:_____

Route Type:

Bouldering   Sport   Traditional   Top Rope

# of Attempts:_____ ☐Completed ☐Flash ☐On-sight

Route Conditions:_____

_____

Weather:_____

Companions:_____

_____

Gear/Supplies:_____

_____

_____

Future Considerations:_____

_____

_____

Notes:_____

_____

_____

_____

_____

_____

_____

_____

_____

_____

Log #:_____ Date:___/___/___

Location:_____

Route:_____

Arrival time:_____ Departure time:_____

Listed Rating:_____ My Rating:_____

Route Type:

Bouldering   Sport   Traditional   Top Rope

# of Attempts:_____ ☐Completed ☐Flash ☐On-sight

Route Conditions:_____

_____

Weather:_____

Companions:_____

_____

Gear/Supplies:_____

_____

_____

Future Considerations:_____

_____

_____

Notes:_____

_____

_____

_____

_____

_____

_____

_____

_____

_____

Log #:_____ Date:___/___/___

Location:_____

Route:_____

Arrival time:_____ Departure time:_____

Listed Rating:_____ My Rating:_____

Route Type:

Bouldering   Sport   Traditional   Top Rope

# of Attempts:_____ ☐Completed☐Flash☐On-sight

Route Conditions:_____

_____

Weather:_____

Companions:_____

_____

Gear/Supplies:_____

_____

_____

Future Considerations:_____

_____

_____

Notes:_____

_____

_____

_____

_____

_____

_____

_____

_____

_____

Log #:_____ Date:___/___/___

Location:_____

Route:_____

Arrival time:_____ Departure time:_____

Listed Rating:_____ My Rating:_____

Route Type:

Bouldering   Sport   Traditional   Top Rope

# of Attempts:_____ ☐Completed☐Flash☐On-sight

Route Conditions:_____

_____

Weather:_____

Companions:_____

_____

Gear/Supplies:_____

_____

_____

Future Considerations:_____

_____

_____

Notes:_____

_____

_____

_____

_____

_____

_____

_____

_____

_____

_____

Log #:_____ Date:___/___/___

Location:_____

Route:_____

Arrival time:_____ Departure time:_____

Listed Rating:_____ My Rating:_____

Route Type:

Bouldering   Sport   Traditional   Top Rope

# of Attempts:_____ ☐Completed ☐Flash ☐On-sight

Route Conditions:_____

_____

Weather:_____

Companions:_____

_____

Gear/Supplies:_____

_____

_____

Future Considerations:_____

_____

_____

Notes:_____

_____

_____

_____

_____

_____

_____

_____

_____

_____

Log #:_____ Date:___/___/___

Location:_____

Route:_____

Arrival time:_____ Departure time:_____

Listed Rating:_____ My Rating:_____

Route Type:

    Bouldering   Sport   Traditional   Top Rope

# of Attempts:_____ ☐Completed ☐Flash ☐On-sight

Route Conditions:_____

_____

Weather:_____

Companions:_____

_____

Gear/Supplies:_____

_____

_____

Future Considerations:_____

_____

_____

Notes:_____

_____

_____

_____

_____

_____

_____

_____

_____

_____

_____

Log #:_____ Date:___/___/___

Location:_____

Route:_____

Arrival time:_____ Departure time:_____

Listed Rating:_____ My Rating:_____

Route Type:

Bouldering   Sport   Traditional   Top Rope

# of Attempts:_____ ☐Completed☐Flash☐On-sight

Route Conditions:_____

_____

Weather:_____

Companions:_____

_____

Gear/Supplies:_____

_____

_____

Future Considerations:_____

_____

_____

Notes:_____

_____

_____

_____

_____

_____

_____

_____

_____

_____

Log #:_____ Date:___/___/___

Location:_____

Route:_____

Arrival time:_____ Departure time:_____

Listed Rating:_____ My Rating:_____

Route Type:

Bouldering   Sport   Traditional   Top Rope

# of Attempts:_____ ☐Completed ☐Flash ☐On-sight

Route Conditions:_____

_____

Weather:_____

Companions:_____

_____

Gear/Supplies:_____

_____

_____

Future Considerations:_____

_____

_____

Notes:_____

_____

_____

_____

_____

_____

_____

_____

_____

_____

Log #:_____ Date:___/___/___

Location:_____

Route:_____

Arrival time:_____ Departure time:_____

Listed Rating:_____ My Rating:_____

Route Type:

Bouldering   Sport   Traditional   Top Rope

# of Attempts:_____ ☐Completed☐Flash☐On-sight

Route Conditions:_____

_____

Weather:_____

Companions:_____

_____

Gear/Supplies:_____

_____

_____

Future Considerations:_____

_____

_____

Notes:_____

_____

_____

_____

_____

_____

_____

_____

_____

_____

Log #:_____ Date:___/___/___

Location:_____

Route:_____

Arrival time:_____ Departure time:_____

Listed Rating:_____ My Rating:_____

Route Type:

Bouldering   Sport   Traditional   Top Rope

# of Attempts:_____ ☐Completed☐Flash☐On-sight

Route Conditions:_____

_____

Weather:_____

Companions:_____

_____

Gear/Supplies:_____

_____

_____

Future Considerations:_____

_____

_____

Notes:_____

_____

_____

_____

_____

_____

_____

_____

_____

_____

Log #:_____ Date:___/___/___

Location:_____

Route:_____

Arrival time:_____ Departure time:_____

Listed Rating:_____ My Rating:_____

Route Type:

Bouldering   Sport   Traditional   Top Rope

\# of Attempts:_____ ☐Completed ☐Flash ☐On-sight

Route Conditions:_____

_____

Weather:_____

Companions:_____

_____

Gear/Supplies:_____

_____

_____

Future Considerations:_____

_____

_____

Notes:_____

_____

_____

_____

_____

_____

_____

_____

_____

_____

Log #:_____ Date:__/__/__

Location:_____

Route:_____

Arrival time:_____ Departure time:_____

Listed Rating:_____ My Rating:_____

Route Type:

Bouldering   Sport   Traditional   Top Rope

# of Attempts:_____ ☐Completed ☐Flash ☐On-sight

Route Conditions:_____

_____

Weather:_____

Companions:_____

_____

Gear/Supplies:_____

_____

_____

Future Considerations:_____

_____

_____

Notes:_____

_____

_____

_____

_____

_____

_____

_____

_____

_____

_____

Log #:_____ Date:___/___/___

Location:_____

Route:_____

Arrival time:_____ Departure time:_____

Listed Rating:_____ My Rating:_____

Route Type:

Bouldering   Sport   Traditional   Top Rope

# of Attempts:_____ ☐Completed ☐Flash ☐On-sight

Route Conditions:_____

_____

Weather:_____

Companions:_____

_____

Gear/Supplies:_____

_____

_____

Future Considerations:_____

_____

_____

Notes:_____

_____

_____

_____

_____

_____

_____

_____

_____

_____

Log #:_____ Date:___/___/___

Location:_____

Route:_____

Arrival time:_____ Departure time:_____

Listed Rating:_____ My Rating:_____

Route Type:

Bouldering   Sport   Traditional   Top Rope

# of Attempts:_____ ☐Completed☐Flash☐On-sight

Route Conditions:_____

_____

Weather:_____

Companions:_____

_____

Gear/Supplies:_____

_____

_____

Future Considerations:_____

_____

_____

Notes:_____

_____

_____

_____

_____

_____

_____

_____

_____

_____

_____

Log #:_____ Date:___/___/___

Location:_____

Route:_____

Arrival time:_____ Departure time:_____

Listed Rating:_____ My Rating:_____

Route Type:

Bouldering   Sport   Traditional   Top Rope

# of Attempts:_____ ☐Completed☐Flash☐On-sight

Route Conditions:_____

_____

Weather:_____

Companions:_____

_____

Gear/Supplies:_____

_____

_____

Future Considerations:_____

_____

_____

Notes:_____

_____

_____

_____

_____

_____

_____

_____

_____

Log #:_____ Date:___/___/___

Location:_____

Route:_____

Arrival time:_____ Departure time:_____

Listed Rating:_____ My Rating:_____

Route Type:

Bouldering   Sport   Traditional   Top Rope

# of Attempts:_____ ☐Completed ☐Flash ☐On-sight

Route Conditions:_____

_____

Weather:_____

Companions:_____

_____

Gear/Supplies:_____

_____

_____

Future Considerations:_____

_____

_____

Notes:_____

_____

_____

_____

_____

_____

_____

_____

_____

_____

Log #:_____ Date:___/___/___

Location:_____

Route:_____

Arrival time:_____ Departure time:_____

Listed Rating:_____ My Rating:_____

Route Type:

Bouldering   Sport   Traditional   Top Rope

# of Attempts:_____ ☐Completed☐Flash☐On-sight

Route Conditions:_____

_____

Weather:_____

Companions:_____

_____

Gear/Supplies:_____

_____

_____

Future Considerations:_____

_____

_____

Notes:_____

_____

_____

_____

_____

_____

_____

_____

_____

_____

Log #:_____ Date:___/___/___

Location:_____

Route:_____

Arrival time:_____ Departure time:_____

Listed Rating:_____ My Rating:_____

Route Type:

Bouldering   Sport   Traditional   Top Rope

# of Attempts:_____ ☐Completed ☐Flash ☐On-sight

Route Conditions:_____

_____

Weather:_____

Companions:_____

_____

Gear/Supplies:_____

_____

_____

Future Considerations:_____

_____

_____

Notes:_____

_____

_____

_____

_____

_____

_____

_____

_____

_____

_____

Log #:_____ Date:___/___/___

Location:_____

Route:_____

Arrival time:_____ Departure time:_____

Listed Rating:_____ My Rating:_____

Route Type:

Bouldering   Sport   Traditional   Top Rope

# of Attempts:_____ ☐Completed ☐Flash ☐On-sight

Route Conditions:_____

_____

Weather:_____

Companions:_____

_____

Gear/Supplies:_____

_____

_____

Future Considerations:_____

_____

_____

Notes:_____

_____

_____

_____

_____

_____

_____

_____

_____

_____

Log #:_____ Date:___/___/___

Location:_____

Route:_____

Arrival time:_____ Departure time:_____

Listed Rating:_____ My Rating:_____

Route Type:

Bouldering   Sport   Traditional   Top Rope

# of Attempts:_____ ☐Completed☐Flash☐On-sight

Route Conditions:_____

_____

Weather:_____

Companions:_____

_____

Gear/Supplies:_____

_____

_____

Future Considerations:_____

_____

_____

Notes:_____

_____

_____

_____

_____

_____

_____

_____

_____

_____

Log #:_____ Date:___/___/___

Location:_____

Route:_____

Arrival time:_____ Departure time:_____

Listed Rating:_____ My Rating:_____

Route Type:

Bouldering   Sport   Traditional   Top Rope

# of Attempts:_____ ☐Completed ☐Flash ☐On-sight

Route Conditions:_____

_____

Weather:_____

Companions:_____

_____

Gear/Supplies:_____

_____

_____

Future Considerations:_____

_____

_____

Notes:_____

_____

_____

_____

_____

_____

_____

_____

_____

_____

Log #:_____ Date:___/___/___

Location:_____

Route:_____

Arrival time:_____ Departure time:_____

Listed Rating:_____ My Rating:_____

Route Type:

Bouldering   Sport   Traditional   Top Rope

# of Attempts:_____ ☐Completed☐Flash☐On-sight

Route Conditions:_____

_____

Weather:_____

Companions:_____

_____

Gear/Supplies:_____

_____

_____

Future Considerations:_____

_____

_____

Notes:_____

_____

_____

_____

_____

_____

_____

_____

_____

_____

Log #:_____ Date:___/___/___

Location:_____

Route:_____

Arrival time:_____ Departure time:_____

Listed Rating:_____ My Rating:_____

Route Type:

Bouldering   Sport   Traditional   Top Rope

# of Attempts:_____ ☐Completed ☐Flash ☐On-sight

Route Conditions:_____

_____

Weather:_____

Companions:_____

_____

Gear/Supplies:_____

_____

_____

Future Considerations:_____

_____

_____

Notes:_____

_____

_____

_____

_____

_____

_____

_____

_____

_____

Log #:_____ Date:___/___/___

Location:_____

Route:_____

Arrival time:_____ Departure time:_____

Listed Rating:_____ My Rating:_____

Route Type:

Bouldering   Sport   Traditional   Top Rope

# of Attempts:_____ ☐Completed ☐Flash ☐On-sight

Route Conditions:_____

_____

Weather:_____

Companions:_____

_____

Gear/Supplies:_____

_____

_____

Future Considerations:_____

_____

_____

Notes:_____

_____

_____

_____

_____

_____

_____

_____

_____

_____

Log #:_____ Date:___/___/___

Location:_____

Route:_____

Arrival time:_____ Departure time:_____

Listed Rating:_____ My Rating:_____

Route Type:

Bouldering   Sport   Traditional   Top Rope

# of Attempts:_____ ☐Completed ☐Flash ☐On-sight

Route Conditions:_____

_____

Weather:_____

Companions:_____

_____

Gear/Supplies:_____

_____

_____

Future Considerations:_____

_____

_____

Notes:_____

_____

_____

_____

_____

_____

_____

_____

_____

_____

Log #:_____ Date:___/___/___

Location:_____

Route:_____

Arrival time:_____ Departure time:_____

Listed Rating:_____ My Rating:_____

Route Type:

Bouldering   Sport   Traditional   Top Rope

# of Attempts:_____ ☐Completed ☐Flash ☐On-sight

Route Conditions:_____

_____

Weather:_____

Companions:_____

_____

Gear/Supplies:_____

_____

_____

Future Considerations:_____

_____

_____

Notes:_____

_____

_____

_____

_____

_____

_____

_____

_____

_____

_____

Log #:_____ Date:___/___/___

Location:_____

Route:_____

Arrival time:_____ Departure time:_____

Listed Rating:_____ My Rating:_____

Route Type:

Bouldering   Sport   Traditional   Top Rope

# of Attempts:_____ ☐Completed ☐Flash ☐On-sight

Route Conditions:_____

_____

Weather:_____

Companions:_____

_____

Gear/Supplies:_____

_____

_____

Future Considerations:_____

_____

_____

Notes:_____

_____

_____

_____

_____

_____

_____

_____

_____

_____

Log #:_____ Date:___/___/___

Location:_____

Route:_____

Arrival time:_____ Departure time:_____

Listed Rating:_____ My Rating:_____

Route Type:

Bouldering   Sport   Traditional   Top Rope

# of Attempts:_____ ☐Completed ☐Flash ☐On-sight

Route Conditions:_____

_____

Weather:_____

Companions:_____

_____

Gear/Supplies:_____

_____

_____

Future Considerations:_____

_____

_____

Notes:_____

_____

_____

_____

_____

_____

_____

_____

_____

_____

_____

Log #:_____ Date:___/___/___

Location:_____

Route:_____

Arrival time:_____ Departure time:_____

Listed Rating:_____ My Rating:_____

Route Type:

Bouldering   Sport   Traditional   Top Rope

# of Attempts:_____ ☐Completed ☐Flash ☐On-sight

Route Conditions:_____

_____

Weather:_____

Companions:_____

_____

Gear/Supplies:_____

_____

_____

Future Considerations:_____

_____

_____

Notes:_____

_____

_____

_____

_____

_____

_____

_____

_____

_____

Log #:_____ Date:___/___/___

Location:_____

Route:_____

Arrival time:_____ Departure time:_____

Listed Rating:_____ My Rating:_____

Route Type:

    Bouldering   Sport   Traditional   Top Rope

# of Attempts:_____ ☐Completed ☐Flash ☐On-sight

Route Conditions:_____

_____

Weather:_____

Companions:_____

_____

Gear/Supplies:_____

_____

_____

Future Considerations:_____

_____

_____

Notes:_____

_____

_____

_____

_____

_____

_____

_____

_____

_____

Log #:_____ Date:___/___/___

Location:_____

Route:_____

Arrival time:_____ Departure time:_____

Listed Rating:_____ My Rating:_____

Route Type:

Bouldering   Sport   Traditional   Top Rope

# of Attempts:_____ ☐Completed ☐Flash ☐On-sight

Route Conditions:_____

_____

Weather:_____

Companions:_____

_____

Gear/Supplies:_____

_____

_____

Future Considerations:_____

_____

_____

Notes:_____

_____

_____

_____

_____

_____

_____

_____

_____

_____

Log #:_____ Date:___/___/___

Location:_____

Route:_____

Arrival time:_____ Departure time:_____

Listed Rating:_____ My Rating:_____

Route Type:

Bouldering   Sport   Traditional   Top Rope

# of Attempts:_____ ☐Completed ☐Flash ☐On-sight

Route Conditions:_____

_____

Weather:_____

Companions:_____

_____

Gear/Supplies:_____

_____

_____

Future Considerations:_____

_____

_____

Notes:_____

_____

_____

_____

_____

_____

_____

_____

_____

_____

_____

Log #:_____ Date:___/___/___

Location:_____

Route:_____

Arrival time:_____ Departure time:_____

Listed Rating:_____ My Rating:_____

Route Type:

Bouldering   Sport   Traditional   Top Rope

# of Attempts:_____ ☐Completed☐Flash☐On-sight

Route Conditions:_____

_____

Weather:_____

Companions:_____

_____

Gear/Supplies:_____

_____

_____

Future Considerations:_____

_____

_____

Notes:_____

_____

_____

_____

_____

_____

_____

_____

_____

_____

Log #:_____ Date:___/___/___

Location:_____

Route:_____

Arrival time:_____ Departure time:_____

Listed Rating:_____ My Rating:_____

Route Type:

Bouldering   Sport   Traditional   Top Rope

# of Attempts:_____ ☐Completed ☐Flash ☐On-sight

Route Conditions:_____

_____

Weather:_____

Companions:_____

_____

Gear/Supplies:_____

_____

_____

Future Considerations:_____

_____

_____

Notes:_____

_____

_____

_____

_____

_____

_____

_____

_____

_____

Log #:_____ Date:___/___/___

Location:_____

Route:_____

Arrival time:_____ Departure time:_____

Listed Rating:_____ My Rating:_____

Route Type:

Bouldering   Sport   Traditional   Top Rope

# of Attempts:_____ ☐Completed☐Flash☐On-sight

Route Conditions:_____

_____

Weather:_____

Companions:_____

_____

Gear/Supplies:_____

_____

_____

Future Considerations:_____

_____

_____

Notes:_____

_____

_____

_____

_____

_____

_____

_____

_____

_____

Log #:_____ Date:___/___/___

Location:_____

Route:_____

Arrival time:_____ Departure time:_____

Listed Rating:_____ My Rating:_____

Route Type:

Bouldering   Sport   Traditional   Top Rope

# of Attempts:_____ ☐Completed ☐Flash ☐On-sight

Route Conditions:_____

_____

Weather:_____

Companions:_____

_____

Gear/Supplies:_____

_____

_____

Future Considerations:_____

_____

_____

Notes:_____

_____

_____

_____

_____

_____

_____

_____

_____

_____

Log #:_____ Date:___/___/___

Location:_____

Route:_____

Arrival time:_____ Departure time:_____

Listed Rating:_____ My Rating:_____

Route Type:

Bouldering   Sport   Traditional   Top Rope

# of Attempts:_____ ☐Completed☐Flash☐On-sight

Route Conditions:_____

_____

Weather:_____

Companions:_____

_____

Gear/Supplies:_____

_____

_____

Future Considerations:_____

_____

_____

Notes:_____

_____

_____

_____

_____

_____

_____

_____

_____

_____

_____

Log #:_____ Date:___/___/___

Location:_____

Route:_____

Arrival time:_____ Departure time:_____

Listed Rating:_____ My Rating:_____

Route Type:

Bouldering   Sport   Traditional   Top Rope

# of Attempts:_____ ☐Completed ☐Flash ☐On-sight

Route Conditions:_____

_____

Weather:_____

Companions:_____

_____

Gear/Supplies:_____

_____

_____

Future Considerations:_____

_____

_____

Notes:_____

_____

_____

_____

_____

_____

_____

_____

_____

_____

Log #:_____ Date:___/___/___

Location:_____

Route:_____

Arrival time:_____ Departure time:_____

Listed Rating:_____ My Rating:_____

Route Type:

Bouldering   Sport   Traditional   Top Rope

# of Attempts:_____ ☐Completed ☐Flash ☐On-sight

Route Conditions:_____

_____

Weather:_____

Companions:_____

_____

Gear/Supplies:_____

_____

_____

Future Considerations:_____

_____

_____

Notes:_____

_____

_____

_____

_____

_____

_____

_____

_____

_____

Log #:_____ Date:___/___/___

Location:_____

Route:_____

Arrival time:_____ Departure time:_____

Listed Rating:_____ My Rating:_____

Route Type:

Bouldering   Sport   Traditional   Top Rope

# of Attempts:_____ ☐Completed ☐Flash ☐On-sight

Route Conditions:_____

_____

Weather:_____

Companions:_____

_____

Gear/Supplies:_____

_____

_____

Future Considerations:_____

_____

_____

Notes:_____

_____

_____

_____

_____

_____

_____

_____

_____

_____

Log #:_____ Date:___/___/___

Location:_____

Route:_____

Arrival time:_____ Departure time:_____

Listed Rating:_____ My Rating:_____

Route Type:

Bouldering   Sport   Traditional   Top Rope

# of Attempts:_____ ☐Completed ☐Flash ☐On-sight

Route Conditions:_____

_____

Weather:_____

Companions:_____

_____

Gear/Supplies:_____

_____

_____

Future Considerations:_____

_____

_____

Notes:_____

_____

_____

_____

_____

_____

_____

_____

_____

_____

Log #:_____ Date:___/___/___

Location:_____

Route:_____

Arrival time:_____ Departure time:_____

Listed Rating:_____ My Rating:_____

Route Type:

Bouldering   Sport   Traditional   Top Rope

# of Attempts:_____ ☐Completed ☐Flash ☐On-sight

Route Conditions:_____

_____

Weather:_____

Companions:_____

_____

Gear/Supplies:_____

_____

_____

Future Considerations:_____

_____

_____

Notes:_____

_____

_____

_____

_____

_____

_____

_____

_____

_____

_____

Log #:_____ Date:___/___/___

Location:_____

Route:_____

Arrival time:_____ Departure time:_____

Listed Rating:_____ My Rating:_____

Route Type:

Bouldering   Sport   Traditional   Top Rope

# of Attempts:_____ ☐Completed ☐Flash ☐On-sight

Route Conditions:_____

_____

Weather:_____

Companions:_____

_____

Gear/Supplies:_____

_____

_____

Future Considerations:_____

_____

_____

Notes:_____

_____

_____

_____

_____

_____

_____

_____

_____

_____

Log #:_____ Date:___/___/___

Location:_____

Route:_____

Arrival time:_____ Departure time:_____

Listed Rating:_____ My Rating:_____

Route Type:

Bouldering   Sport   Traditional   Top Rope

# of Attempts:_____ ☐Completed☐Flash☐On-sight

Route Conditions:_____

_____

Weather:_____

Companions:_____

_____

Gear/Supplies:_____

_____

_____

Future Considerations:_____

_____

_____

Notes:_____

_____

_____

_____

_____

_____

_____

_____

_____

_____

Log #:_____ Date:___/___/___

Location:_____

Route:_____

Arrival time:_____ Departure time:_____

Listed Rating:_____ My Rating:_____

Route Type:

Bouldering   Sport   Traditional   Top Rope

# of Attempts:_____ ☐Completed ☐Flash ☐On-sight

Route Conditions:_____

_____

Weather:_____

Companions:_____

_____

Gear/Supplies:_____

_____

_____

Future Considerations:_____

_____

_____

Notes:_____

_____

_____

_____

_____

_____

_____

_____

_____

_____

Log #:_____ Date:___/___/___

Location:_____

Route:_____

Arrival time:_____ Departure time:_____

Listed Rating:_____ My Rating:_____

Route Type:

Bouldering   Sport   Traditional   Top Rope

# of Attempts:_____ ☐Completed ☐Flash ☐On-sight

Route Conditions:_____
_____

Weather:_____

Companions:_____
_____

Gear/Supplies:_____
_____
_____

Future Considerations:_____
_____
_____

Notes:_____
_____
_____
_____
_____
_____
_____
_____
_____
_____
_____

Log #:_____ Date:___/___/___

Location:_____

Route:_____

Arrival time:_____ Departure time:_____

Listed Rating:_____ My Rating:_____

Route Type:

Bouldering   Sport   Traditional   Top Rope

# of Attempts:_____ ☐Completed ☐Flash ☐On-sight

Route Conditions:_____

_____

Weather:_____

Companions:_____

_____

Gear/Supplies:_____

_____

_____

Future Considerations:_____

_____

_____

Notes:_____

_____

_____

_____

_____

_____

_____

_____

_____

_____

Log #:_____ Date:__/__/__

Location:_____

Route:_____

Arrival time:_____ Departure time:_____

Listed Rating:_____ My Rating:_____

Route Type:

Bouldering   Sport   Traditional   Top Rope

# of Attempts:_____ ☐Completed☐Flash☐On-sight

Route Conditions:_____

_____

Weather:_____

Companions:_____

_____

Gear/Supplies:_____

_____

_____

Future Considerations:_____

_____

_____

Notes:_____

_____

_____

_____

_____

_____

_____

_____

_____

_____

Log #:_____ Date:___/___/___

Location:_____

Route:_____

Arrival time:_____ Departure time:_____

Listed Rating:_____ My Rating:_____

Route Type:

Bouldering   Sport   Traditional   Top Rope

# of Attempts:_____ ☐Completed☐Flash☐On-sight

Route Conditions:_____

_____

Weather:_____

Companions:_____

_____

Gear/Supplies:_____

_____

_____

Future Considerations:_____

_____

_____

Notes:_____

_____

_____

_____

_____

_____

_____

_____

_____

_____

Log #:_____ Date:___/___/___

Location:_____

Route:_____

Arrival time:_____ Departure time:_____

Listed Rating:_____ My Rating:_____

Route Type:

Bouldering   Sport   Traditional   Top Rope

# of Attempts:_____ ☐Completed☐Flash☐On-sight

Route Conditions:_____

_____

Weather:_____

Companions:_____

_____

Gear/Supplies:_____

_____

_____

Future Considerations:_____

_____

_____

Notes:_____

_____

_____

_____

_____

_____

_____

_____

_____

_____

Log #:_____ Date:___/___/___

Location:_____

Route:_____

Arrival time:_____ Departure time:_____

Listed Rating:_____ My Rating:_____

Route Type:

Bouldering   Sport   Traditional   Top Rope

# of Attempts:_____ ☐Completed ☐Flash ☐On-sight

Route Conditions:_____

_____

Weather:_____

Companions:_____

_____

Gear/Supplies:_____

_____

_____

Future Considerations:_____

_____

_____

Notes:_____

_____

_____

_____

_____

_____

_____

_____

_____

_____

_____

Log #:_____ Date:___/___/___

Location:_____

Route:_____

Arrival time:_____ Departure time:_____

Listed Rating:_____ My Rating:_____

Route Type:

Bouldering   Sport   Traditional   Top Rope

# of Attempts:_____ ☐Completed☐Flash☐On-sight

Route Conditions:_____

_____

Weather:_____

Companions:_____

_____

Gear/Supplies:_____

_____

_____

Future Considerations:_____

_____

_____

Notes:_____

_____

_____

_____

_____

_____

_____

_____

_____

_____

Log #:_____ Date:___/___/___

Location:_____

Route:_____

Arrival time:_____ Departure time:_____

Listed Rating:_____ My Rating:_____

Route Type:

Bouldering   Sport   Traditional   Top Rope

# of Attempts:_____ ☐Completed ☐Flash ☐On-sight

Route Conditions:_____

_____

Weather:_____

Companions:_____

_____

Gear/Supplies:_____

_____

_____

Future Considerations:_____

_____

_____

Notes:_____

_____

_____

_____

_____

_____

_____

_____

_____

_____

Log #:_____ Date:___/___/___

Location:_____

Route:_____

Arrival time:_____ Departure time:_____

Listed Rating:_____ My Rating:_____

Route Type:

Bouldering   Sport   Traditional   Top Rope

# of Attempts:_____ ☐Completed ☐Flash ☐On-sight

Route Conditions:_____

_____

Weather:_____

Companions:_____

_____

Gear/Supplies:_____

_____

_____

Future Considerations:_____

_____

_____

Notes:_____

_____

_____

_____

_____

_____

_____

_____

_____

_____

_____

Log #:_____ Date:___/___/___

Location:_____

Route:_____

Arrival time:_____ Departure time:_____

Listed Rating:_____ My Rating:_____

Route Type:

Bouldering   Sport   Traditional   Top Rope

# of Attempts:_____ ☐Completed☐Flash☐On-sight

Route Conditions:_____

_____

Weather:_____

Companions:_____

_____

Gear/Supplies:_____

_____

_____

Future Considerations:_____

_____

_____

Notes:_____

_____

_____

_____

_____

_____

_____

_____

_____

_____

_____

Log #:_____ Date:___/___/___

Location:_____

Route:_____

Arrival time:_____ Departure time:_____

Listed Rating:_____ My Rating:_____

Route Type:

Bouldering   Sport   Traditional   Top Rope

# of Attempts:_____ ☐Completed☐Flash☐On-sight

Route Conditions:_____

_____

Weather:_____

Companions:_____

_____

Gear/Supplies:_____

_____

_____

Future Considerations:_____

_____

_____

Notes:_____

_____

_____

_____

_____

_____

_____

_____

_____

_____

_____

Log #:_____ Date:___/___/___

Location:_____

Route:_____

Arrival time:_____ Departure time:_____

Listed Rating:_____ My Rating:_____

Route Type:

Bouldering   Sport   Traditional   Top Rope

# of Attempts:_____ ☐Completed☐Flash☐On-sight

Route Conditions:_____

_____

Weather:_____

Companions:_____

_____

Gear/Supplies:_____

_____

_____

Future Considerations:_____

_____

_____

Notes:_____

_____

_____

_____

_____

_____

_____

_____

_____

_____

Log #:_____ Date:___/___/___

Location:_____

Route:_____

Arrival time:_____ Departure time:_____

Listed Rating:_____ My Rating:_____

Route Type:

Bouldering   Sport   Traditional   Top Rope

# of Attempts:_____ ☐Completed ☐Flash ☐On-sight

Route Conditions:_____

_____

Weather:_____

Companions:_____

_____

Gear/Supplies:_____

_____

_____

Future Considerations:_____

_____

_____

Notes:_____

_____

_____

_____

_____

_____

_____

_____

_____

_____

Log #:_____ Date:___/___/___

Location:_____

Route:_____

Arrival time:_____ Departure time:_____

Listed Rating:_____ My Rating:_____

Route Type:

Bouldering   Sport   Traditional   Top Rope

# of Attempts:_____ ☐Completed ☐Flash ☐On-sight

Route Conditions:_____

_____

Weather:_____

Companions:_____

_____

Gear/Supplies:_____

_____

_____

Future Considerations:_____

_____

_____

Notes:_____

_____

_____

_____

_____

_____

_____

_____

_____

_____

_____

Log #:_____ Date:___/___/___

Location:_____

Route:_____

Arrival time:_____ Departure time:_____

Listed Rating:_____ My Rating:_____

Route Type:

Bouldering   Sport   Traditional   Top Rope

# of Attempts:_____ ☐Completed☐Flash☐On-sight

Route Conditions:_____

_____

Weather:_____

Companions:_____

_____

Gear/Supplies:_____

_____

_____

Future Considerations:_____

_____

_____

Notes:_____

_____

_____

_____

_____

_____

_____

_____

_____

_____

Log #:_____ Date:___/___/___

Location:_____

Route:_____

Arrival time:_____ Departure time:_____

Listed Rating:_____ My Rating:_____

Route Type:

Bouldering   Sport   Traditional   Top Rope

# of Attempts:_____ ☐Completed☐Flash☐On-sight

Route Conditions:_____

_____

Weather:_____

Companions:_____

_____

Gear/Supplies:_____

_____

_____

Future Considerations:_____

_____

_____

Notes:_____

_____

_____

_____

_____

_____

_____

_____

_____

_____

_____

Log #:_____ Date:___/___/___

Location:_____

Route:_____

Arrival time:_____ Departure time:_____

Listed Rating:_____ My Rating:_____

Route Type:

Bouldering   Sport   Traditional   Top Rope

# of Attempts:_____ ☐Completed ☐Flash ☐On-sight

Route Conditions:_____

_____

Weather:_____

Companions:_____

_____

Gear/Supplies:_____

_____

_____

Future Considerations:_____

_____

_____

Notes:_____

_____

_____

_____

_____

_____

_____

_____

_____

_____

Log #:_____ Date:___/___/___

Location:_____

Route:_____

Arrival time:_____ Departure time:_____

Listed Rating:_____ My Rating:_____

Route Type:

Bouldering   Sport   Traditional   Top Rope

# of Attempts:_____ ☐Completed ☐Flash ☐On-sight

Route Conditions:_____

_____

Weather:_____

Companions:_____

_____

Gear/Supplies:_____

_____

_____

Future Considerations:_____

_____

_____

Notes:_____

_____

_____

_____

_____

_____

_____

_____

_____

_____

Log #:_____ Date:___/___/___

Location:_____

Route:_____

Arrival time:_____ Departure time:_____

Listed Rating:_____ My Rating:_____

Route Type:

Bouldering   Sport   Traditional   Top Rope

# of Attempts:_____ ☐Completed☐Flash☐On-sight

Route Conditions:_____

_____

Weather:_____

Companions:_____

_____

Gear/Supplies:_____

_____

_____

Future Considerations:_____

_____

_____

Notes:_____

_____

_____

_____

_____

_____

_____

_____

_____

_____

_____

Log #:_____ Date:___/___/___

Location:_____

Route:_____

Arrival time:_____ Departure time:_____

Listed Rating:_____ My Rating:_____

Route Type:

Bouldering   Sport   Traditional   Top Rope

# of Attempts:_____ ☐Completed ☐Flash ☐On-sight

Route Conditions:_____

_____

Weather:_____

Companions:_____

_____

Gear/Supplies:_____

_____

_____

Future Considerations:_____

_____

_____

Notes:_____

_____

_____

_____

_____

_____

_____

_____

_____

_____

Log #:_____ Date:___/___/___

Location:_____

Route:_____

Arrival time:_____ Departure time:_____

Listed Rating:_____ My Rating:_____

Route Type:

Bouldering   Sport   Traditional   Top Rope

# of Attempts:_____ ☐Completed☐Flash☐On-sight

Route Conditions:_____

_____

Weather:_____

Companions:_____

_____

Gear/Supplies:_____

_____

_____

Future Considerations:_____

_____

_____

Notes:_____

_____

_____

_____

_____

_____

_____

_____

_____

_____

Log #:_____ Date:___/___/___

Location:_____

Route:_____

Arrival time:_____ Departure time:_____

Listed Rating:_____ My Rating:_____

Route Type:

Bouldering   Sport   Traditional   Top Rope

# of Attempts:_____ ☐Completed ☐Flash ☐On-sight

Route Conditions:_____

_____

Weather:_____

Companions:_____

_____

Gear/Supplies:_____

_____

_____

Future Considerations:_____

_____

_____

Notes:_____

_____

_____

_____

_____

_____

_____

_____

_____

_____

Log #:_____ Date:___/___/___

Location:_____

Route:_____

Arrival time:_____ Departure time:_____

Listed Rating:_____ My Rating:_____

Route Type:

Bouldering   Sport   Traditional   Top Rope

# of Attempts:_____ ☐Completed ☐Flash ☐On-sight

Route Conditions:_____

_____

Weather:_____

Companions:_____

_____

Gear/Supplies:_____

_____

_____

Future Considerations:_____

_____

_____

Notes:_____

_____

_____

_____

_____

_____

_____

_____

_____

_____

Log #:_____ Date:__/__/__

Location:_____

Route:_____

Arrival time:_____ Departure time:_____

Listed Rating:_____ My Rating:_____

Route Type:

Bouldering   Sport   Traditional   Top Rope

# of Attempts:_____ ☐Completed☐Flash☐On-sight

Route Conditions:_____

_____

Weather:_____

Companions:_____

_____

Gear/Supplies:_____

_____

_____

Future Considerations:_____

_____

_____

Notes:_____

_____

_____

_____

_____

_____

_____

_____

_____

_____

Log #:_____ Date:___/___/___

Location:_____

Route:_____

Arrival time:_____ Departure time:_____

Listed Rating:_____ My Rating:_____

Route Type:

Bouldering   Sport   Traditional   Top Rope

# of Attempts:_____ ☐Completed ☐Flash ☐On-sight

Route Conditions:_____

_____

Weather:_____

Companions:_____

_____

Gear/Supplies:_____

_____

_____

Future Considerations:_____

_____

_____

Notes:_____

_____

_____

_____

_____

_____

_____

_____

_____

_____

Log #:_____ Date:___/___/___

Location:_____

Route:_____

Arrival time:_____ Departure time:_____

Listed Rating:_____ My Rating:_____

Route Type:

Bouldering   Sport   Traditional   Top Rope

# of Attempts:_____ ☐Completed☐Flash☐On-sight

Route Conditions:_____

_____

Weather:_____

Companions:_____

_____

Gear/Supplies:_____

_____

_____

Future Considerations:_____

_____

_____

Notes:_____

_____

_____

_____

_____

_____

_____

_____

_____

_____

_____

Log #:_____ Date:___/___/___

Location:_____

Route:_____

Arrival time:_____ Departure time:_____

Listed Rating:_____ My Rating:_____

Route Type:

Bouldering   Sport   Traditional   Top Rope

# of Attempts:_____ ☐Completed ☐Flash ☐On-sight

Route Conditions:_____

_____

Weather:_____

Companions:_____

_____

Gear/Supplies:_____

_____

_____

Future Considerations:_____

_____

_____

Notes:_____

_____

_____

_____

_____

_____

_____

_____

_____

_____

_____

Log #:_____ Date:___/___/___

Location:_____

Route:_____

Arrival time:_____ Departure time:_____

Listed Rating:_____ My Rating:_____

Route Type:

Bouldering   Sport   Traditional   Top Rope

# of Attempts:_____ ☐Completed☐Flash☐On-sight

Route Conditions:_____

_____

Weather:_____

Companions:_____

_____

Gear/Supplies:_____

_____

_____

Future Considerations:_____

_____

_____

Notes:_____

_____

_____

_____

_____

_____

_____

_____

_____

_____

Log #:_____ Date:___/___/___

Location:_____

Route:_____

Arrival time:_____ Departure time:_____

Listed Rating:_____ My Rating:_____

Route Type:

Bouldering   Sport   Traditional   Top Rope

# of Attempts:_____ ☐Completed ☐Flash ☐On-sight

Route Conditions:_____

_____

Weather:_____

Companions:_____

_____

Gear/Supplies:_____

_____

_____

Future Considerations:_____

_____

_____

Notes:_____

_____

_____

_____

_____

_____

_____

_____

_____

_____

_____

Log #:_____ Date:___/___/___

Location:_____

Route:_____

Arrival time:_____ Departure time:_____

Listed Rating:_____ My Rating:_____

Route Type:

Bouldering   Sport   Traditional   Top Rope

# of Attempts:_____ ☐Completed ☐Flash ☐On-sight

Route Conditions:_____

_____

Weather:_____

Companions:_____

_____

Gear/Supplies:_____

_____

_____

Future Considerations:_____

_____

_____

Notes:_____

_____

_____

_____

_____

_____

_____

_____

_____

_____

Log #:_____ Date:___/___/___

Location:_____

Route:_____

Arrival time:_____ Departure time:_____

Listed Rating:_____ My Rating:_____

Route Type:

Bouldering   Sport   Traditional   Top Rope

# of Attempts:_____ ☐Completed ☐Flash ☐On-sight

Route Conditions:_____

_____

Weather:_____

Companions:_____

_____

Gear/Supplies:_____

_____

_____

Future Considerations:_____

_____

_____

Notes:_____

_____

_____

_____

_____

_____

_____

_____

_____

_____

Log #:_____ Date:___/___/___

Location:_____

Route:_____

Arrival time:_____ Departure time:_____

Listed Rating:_____ My Rating:_____

Route Type:

Bouldering   Sport   Traditional   Top Rope

# of Attempts:_____ ☐Completed ☐Flash ☐On-sight

Route Conditions:_____

_____

Weather:_____

Companions:_____

_____

Gear/Supplies:_____

_____

_____

Future Considerations:_____

_____

_____

Notes:_____

_____

_____

_____

_____

_____

_____

_____

_____

_____

Log #:_____ Date:___/___/___

Location:_____

Route:_____

Arrival time:_____ Departure time:_____

Listed Rating:_____ My Rating:_____

Route Type:

Bouldering   Sport   Traditional   Top Rope

# of Attempts:_____ ☐Completed☐Flash☐On-sight

Route Conditions:_____

_____

Weather:_____

Companions:_____

_____

Gear/Supplies:_____

_____

_____

Future Considerations:_____

_____

_____

Notes:_____

_____

_____

_____

_____

_____

_____

_____

_____

_____

Log #:_____ Date:___/___/___

Location:_____

Route:_____

Arrival time:_____ Departure time:_____

Listed Rating:_____ My Rating:_____

Route Type:

Bouldering   Sport   Traditional   Top Rope

# of Attempts:_____ ☐Completed☐Flash☐On-sight

Route Conditions:_____

_____

Weather:_____

Companions:_____

_____

Gear/Supplies:_____

_____

_____

Future Considerations:_____

_____

_____

Notes:_____

_____

_____

_____

_____

_____

_____

_____

_____

_____

Log #:_____ Date:___/___/___

Location:_____

Route:_____

Arrival time:_____ Departure time:_____

Listed Rating:_____ My Rating:_____

Route Type:

Bouldering   Sport   Traditional   Top Rope

# of Attempts:_____ ☐Completed ☐Flash ☐On-sight

Route Conditions:_____

_____

Weather:_____

Companions:_____

_____

Gear/Supplies:_____

_____

_____

Future Considerations:_____

_____

_____

Notes:_____

_____

_____

_____

_____

_____

_____

_____

_____

_____

Log #:_____ Date:___/___/___

Location:_____

Route:_____

Arrival time:_____ Departure time:_____

Listed Rating:_____ My Rating:_____

Route Type:

Bouldering   Sport   Traditional   Top Rope

# of Attempts:_____ ☐Completed ☐Flash ☐On-sight

Route Conditions:_____

_____

Weather:_____

Companions:_____

_____

Gear/Supplies:_____

_____

_____

Future Considerations:_____

_____

_____

Notes:_____

_____

_____

_____

_____

_____

_____

_____

_____

_____

_____

Log #:_____   Date:___/___/___

Location:_____

Route:_____

Arrival time:_____   Departure time:_____

Listed Rating:_____   My Rating:_____

Route Type:

Bouldering   Sport   Traditional   Top Rope

# of Attempts:_____ ☐Completed☐Flash☐On-sight

Route Conditions:_____

_____

Weather:_____

Companions:_____

_____

Gear/Supplies:_____

_____

_____

Future Considerations:_____

_____

_____

Notes:_____

_____

_____

_____

_____

_____

_____

_____

_____

_____

_____

Log #:_____ Date:___/___/___

Location:_____

Route:_____

Arrival time:_____ Departure time:_____

Listed Rating:_____ My Rating:_____

Route Type:

Bouldering   Sport   Traditional   Top Rope

# of Attempts:_____ ☐Completed ☐Flash ☐On-sight

Route Conditions:_____

_____

Weather:_____

Companions:_____

_____

Gear/Supplies:_____

_____

_____

Future Considerations:_____

_____

_____

Notes:_____

_____

_____

_____

_____

_____

_____

_____

_____

_____

Log #:_____ Date:___/___/___

Location:_____

Route:_____

Arrival time:_____ Departure time:_____

Listed Rating:_____ My Rating:_____

Route Type:

Bouldering   Sport   Traditional   Top Rope

# of Attempts:_____ ☐Completed ☐Flash ☐On-sight

Route Conditions:_____

_____

Weather:_____

Companions:_____

_____

Gear/Supplies:_____

_____

_____

Future Considerations:_____

_____

_____

Notes:_____

_____

_____

_____

_____

_____

_____

_____

_____

_____

Log #:_____ Date:___/___/___

Location:_____

Route:_____

Arrival time:_____ Departure time:_____

Listed Rating:_____ My Rating:_____

Route Type:

Bouldering   Sport   Traditional   Top Rope

# of Attempts:_____ ☐Completed ☐Flash ☐On-sight

Route Conditions:_____

_____

Weather:_____

Companions:_____

_____

Gear/Supplies:_____

_____

_____

Future Considerations:_____

_____

_____

Notes:_____

_____

_____

_____

_____

_____

_____

_____

_____

_____

Log #:_____ Date:___/___/___

Location:_____

Route:_____

Arrival time:_____ Departure time:_____

Listed Rating:_____ My Rating:_____

Route Type:

Bouldering   Sport   Traditional   Top Rope

# of Attempts:_____ ☐Completed ☐Flash ☐On-sight

Route Conditions:_____

_____

Weather:_____

Companions:_____

_____

Gear/Supplies:_____

_____

_____

Future Considerations:_____

_____

_____

Notes:_____

_____

_____

_____

_____

_____

_____

_____

_____

_____

Log #:_____   Date:___/___/___

Location:_____

Route:_____

Arrival time:_____   Departure time:_____

Listed Rating:_____   My Rating:_____

Route Type:

Bouldering   Sport   Traditional   Top Rope

# of Attempts:_____ ☐Completed☐Flash☐On-sight

Route Conditions:_____

_____

Weather:_____

Companions:_____

_____

Gear/Supplies:_____

_____

_____

Future Considerations:_____

_____

_____

Notes:_____

_____

_____

_____

_____

_____

_____

_____

_____

_____

_____

Log #:_____ Date:___/___/___

Location:_____

Route:_____

Arrival time:_____ Departure time:_____

Listed Rating:_____ My Rating:_____

Route Type:

Bouldering   Sport   Traditional   Top Rope

# of Attempts:_____ ☐Completed ☐Flash ☐On-sight

Route Conditions:_____

_____

Weather:_____

Companions:_____

_____

Gear/Supplies:_____

_____

_____

Future Considerations:_____

_____

_____

Notes:_____

_____

_____

_____

_____

_____

_____

_____

_____

_____

Log #:_____ Date:___/___/___

Location:_____

Route:_____

Arrival time:_____ Departure time:_____

Listed Rating:_____ My Rating:_____

Route Type:

Bouldering   Sport   Traditional   Top Rope

# of Attempts:_____ ☐Completed ☐Flash ☐On-sight

Route Conditions:_____

_____

Weather:_____

Companions:_____

_____

Gear/Supplies:_____

_____

_____

Future Considerations:_____

_____

_____

Notes:_____

_____

_____

_____

_____

_____

_____

_____

_____

_____

_____

Log #:_____ Date:___/___/___

Location:_____

Route:_____

Arrival time:_____ Departure time:_____

Listed Rating:_____ My Rating:_____

Route Type:

Bouldering   Sport   Traditional   Top Rope

# of Attempts:_____ ☐Completed ☐Flash ☐On-sight

Route Conditions:_____

_____

Weather:_____

Companions:_____

_____

Gear/Supplies:_____

_____

_____

Future Considerations:_____

_____

_____

Notes:_____

_____

_____

_____

_____

_____

_____

_____

_____

_____

Log #:_____ Date:___/___/___

Location:_____

Route:_____

Arrival time:_____ Departure time:_____

Listed Rating:_____ My Rating:_____

Route Type:

Bouldering   Sport   Traditional   Top Rope

# of Attempts:_____ ☐Completed ☐Flash ☐On-sight

Route Conditions:_____

_____

Weather:_____

Companions:_____

_____

Gear/Supplies:_____

_____

_____

Future Considerations:_____

_____

_____

Notes:_____

_____

_____

_____

_____

_____

_____

_____

_____

_____

_____

Log #:_____ Date:___/___/___

Location:_____

Route:_____

Arrival time:_____ Departure time:_____

Listed Rating:_____ My Rating:_____

Route Type:

Bouldering   Sport   Traditional   Top Rope

# of Attempts:_____ ☐Completed☐Flash☐On-sight

Route Conditions:_____

_____

Weather:_____

Companions:_____

_____

Gear/Supplies:_____

_____

_____

Future Considerations:_____

_____

_____

Notes:_____

_____

_____

_____

_____

_____

_____

_____

_____

_____

Log #:_____ Date:___/___/___

Location:_____

Route:_____

Arrival time:_____ Departure time:_____

Listed Rating:_____ My Rating:_____

Route Type:

Bouldering   Sport   Traditional   Top Rope

# of Attempts:_____ ☐Completed ☐Flash ☐On-sight

Route Conditions:_____

_____

Weather:_____

Companions:_____

_____

Gear/Supplies:_____

_____

_____

Future Considerations:_____

_____

_____

Notes:_____

_____

_____

_____

_____

_____

_____

_____

_____

_____

Log #:_____ Date:___/___/___

Location:_____

Route:_____

Arrival time:_____ Departure time:_____

Listed Rating:_____ My Rating:_____

Route Type:

Bouldering   Sport   Traditional   Top Rope

# of Attempts:_____ ☐Completed☐Flash☐On-sight

Route Conditions:_____

_____

Weather:_____

Companions:_____

_____

Gear/Supplies:_____

_____

_____

Future Considerations:_____

_____

_____

Notes:_____

_____

_____

_____

_____

_____

_____

_____

_____

_____

Log #:_____ Date:___/___/___

Location:_____

Route:_____

Arrival time:_____ Departure time:_____

Listed Rating:_____ My Rating:_____

Route Type:

Bouldering   Sport   Traditional   Top Rope

# of Attempts:_____ ☐Completed ☐Flash ☐On-sight

Route Conditions:_____

_____

Weather:_____

Companions:_____

_____

Gear/Supplies:_____

_____

_____

Future Considerations:_____

_____

_____

Notes:_____

_____

_____

_____

_____

_____

_____

_____

_____

_____

Log #:_____ Date:___/___/___

Location:_____

Route:_____

Arrival time:_____ Departure time:_____

Listed Rating:_____ My Rating:_____

Route Type:

Bouldering   Sport   Traditional   Top Rope

# of Attempts:_____ ☐Completed☐Flash☐On-sight

Route Conditions:_____

_____

Weather:_____

Companions:_____

_____

Gear/Supplies:_____

_____

_____

Future Considerations:_____

_____

_____

Notes:_____

_____

_____

_____

_____

_____

_____

_____

_____

_____

Log #:_____ Date:___/___/___

Location:_____

Route:_____

Arrival time:_____ Departure time:_____

Listed Rating:_____ My Rating:_____

Route Type:

Bouldering   Sport   Traditional   Top Rope

# of Attempts:_____ ☐Completed ☐Flash ☐On-sight

Route Conditions:_____

_____

Weather:_____

Companions:_____

_____

Gear/Supplies:_____

_____

_____

Future Considerations:_____

_____

_____

Notes:_____

_____

_____

_____

_____

_____

_____

_____

_____

_____

Log #:_____ Date:___/___/___

Location:_____

Route:_____

Arrival time:_____ Departure time:_____

Listed Rating:_____ My Rating:_____

Route Type:

Bouldering   Sport   Traditional   Top Rope

# of Attempts:_____ ☐Completed ☐Flash ☐On-sight

Route Conditions:_____

_____

Weather:_____

Companions:_____

_____

Gear/Supplies:_____

_____

_____

Future Considerations:_____

_____

_____

Notes:_____

_____

_____

_____

_____

_____

_____

_____

_____

_____

Log #:_____ Date:___/___/___

Location:_____

Route:_____

Arrival time:_____ Departure time:_____

Listed Rating:_____ My Rating:_____

Route Type:

Bouldering   Sport   Traditional   Top Rope

# of Attempts:_____ ☐Completed ☐Flash ☐On-sight

Route Conditions:_____

_____

Weather:_____

Companions:_____

_____

Gear/Supplies:_____

_____

_____

Future Considerations:_____

_____

_____

Notes:_____

_____

_____

_____

_____

_____

_____

_____

_____

_____

Log #:_____ Date:___/___/___

Location:_____

Route:_____

Arrival time:_____ Departure time:_____

Listed Rating:_____ My Rating:_____

Route Type:

Bouldering   Sport   Traditional   Top Rope

# of Attempts:_____ ☐Completed☐Flash☐On-sight

Route Conditions:_____

_____

Weather:_____

Companions:_____

_____

Gear/Supplies:_____

_____

_____

Future Considerations:_____

_____

_____

Notes:_____

_____

_____

_____

_____

_____

_____

_____

_____

_____

Log #:_____ Date:___/___/___

Location:_____

Route:_____

Arrival time:_____ Departure time:_____

Listed Rating:_____ My Rating:_____

Route Type:

Bouldering   Sport   Traditional   Top Rope

# of Attempts:_____ ☐Completed ☐Flash ☐On-sight

Route Conditions:_____

_____

Weather:_____

Companions:_____

_____

Gear/Supplies:_____

_____

_____

Future Considerations:_____

_____

_____

Notes:_____

_____

_____

_____

_____

_____

_____

_____

_____

_____

www.ingramcontent.com/pod-product-compliance
Lightning Source LLC
Chambersburg PA
CBHW070715130626
46553CB00005B/1993

* 9 7 9 8 9 8 5 7 1 2 3 2 2 *